育 T.E.S. 身 心
“三分生态系统”
家庭教育系列用书

U0755104

好妈妈真知道

赵曼云／著

海豚出版社
DOLPHIN BOOKS
CIPG 中国国际出版集团

图书在版编目（CIP）数据

好妈妈，真知道 / 赵曼云著. -- 北京 : 海豚出版社，2021.3
ISBN 978-7-5110-5474-6

Ⅰ. ①好… Ⅱ. ①赵… Ⅲ. ①中小学生－家庭教育 Ⅳ. ①G782

中国版本图书馆CIP数据核字(2021)第006716号

好妈妈，真知道
作　　者：赵曼云

出 版 人：王　磊
策　　划：成长家俱乐部
责任编辑：梅秋慧　张　镛　李文静
装帧设计：徐　超　王艾迪
责任印制：于浩杰　蔡　丽
法律顾问：中资律师事务所 殷斌律师

出　　版：海豚出版社
地　　址：北京市西城区百万庄大街24号　　邮　　编：100037
电　　话：010-68325006(销售)　010-68996147（总编室）
印　　刷：北京联兴盛业印刷股份有限公司
经　　销：新华书店及网络书店
开　　本：710毫米×1000毫米　1/16
印　　张：17.25
字　　数：265千字
版　　次：2021年3月第1版　2021年3月第1次印刷
标准书号：ISBN 978-7-5110-5474-6
定　　价：49.80元
版权所有　侵权必究

目录

CONTENTS

推荐序1　从是什么到怎么办　Ⅰ

推荐序2　真知道，不容易　Ⅲ

自序　Ⅵ

前言　好妈妈，真知道　Ⅷ

总论　三分生态　九分耕耘　XⅢ

• 第一章　在“身心育”三分生态系统中了解孩子　001

用生态系统的关系看待孩子，接纳他是这个世界上独立而珍贵的个体；用系统的结构去理解孩子，明白他所展示出来的一切言行，都是在他的内部系统和外部系统共同作用下产生的；从“身心育”三分的视角着手，升级你的家庭教育思维模式。

• 第二章　解读你独一无二的孩子　037

每一个孩子，生而不同。大脑的结构功能有差异，性格情绪有不同，每一个阶段的认知、心理发展也各有特点。从“身心育”三分的视角着手，理解你独特的孩子。

• 第三章　激发孩子的学习积极性　063

孩子主动学习，是每一个父母希望的理想状态。决定孩子学习主动性的成就动机，并不是每个人都一样，了解自己的孩子是哪种成就动机类型，运用榜样的力量、远序四步法等的方法，激发孩子的学习积极性。

• 第四章　外观世界，内看自己　087

了解原生家庭对你的影响，看到自己在核心家庭中的行为模式。运用WYH模型探索自己，不要让原生家庭中的情感忽视成为你教育孩子的自动反应。

• 第五章 发展你的自我系统 113

用认知眼镜识别你的认知特点，用非理性信念观察你的主导情绪，用行为标签看到你的行为模式，用高能量姿态和积极的自我暗示在内部系统中发展出更好的自己。

• 第六章 外看他人，内看自己 139

关系是影响一个人幸福感的重要因素。帮助自己在家庭中、职场中、社会中建立更良好的关系，满足自己更高层次的需要，提升幸福感。

• 第七章 家庭文化是家庭成长的力量 167

家庭生态树之根是家庭文化，是一个家庭中最重要的成长资源。探索你的家庭文化，帮自己找到初心。

• 第八章 建构家庭文化 193

家庭文化是无形的财富，是悠久的传承，是生命最长久的印迹。用好建构家庭文化三要素和“T.E.S.”原则，建构自家独特的家庭文化。

• 第九章 发展家庭文化 217

从现在起，建立家庭规则、培养家庭习惯，用家庭中的美好时光，建构父母和孩子温暖的回忆，给孩子传递一生的幸福。

后记 学而时习“真知道” 240

附录 242

参考文献 244

推荐序1

从是什么到怎么办

余心言

曼云的这本书太厚了。我看了三个星期才看完。

我的这点感受当然和我的年龄有关。如果是年轻人，肯定用不了这么多时间。这不但是因为他们精力旺盛，更因为他们的迫切需要。

现在，怎样教育子女已经成为家家户户普遍关注的热点话题，也往往是难题。包括许多“别人家的孩子”的父母，他们往往也有许多不为别人理解的苦恼。可以说，家家都有一本难念的经。

人是世间一切已知物质发展的最高形态。孩子成长的过程包含着多少复杂的规律，往往超出许多为人父母者的认知范围。曾子说“未有学养子而后嫁”。现在可以在生育子女之前，甚至婚前先学一点相关的知识。但是未经实践体会的知识总归难以内化于心、运用自如。何况出乎意料的情况又似乎每天都在发生。于是，“怎么办”就成为许多身为父母者的渴求。

现在有关家庭教育的专著、培训、咨询如雨后春笋。许多家长希望从这里得到解决“怎么办”的绝招。可是，许多别人家的成功经验自己用起来却难以收到预想的成果。只有掌握了更根本性的规律性的认知，才能做到“运用之妙，存乎一心”，在各种不同的情况下都收到好的效果。

这就是说，我们对孩子的成长需要有合乎科学的认识。科学解决的是“是什么”的问题，技术解决的是“怎么办”的问题。对孩子成长的规律认知清楚了，教育子女的“怎么办”就好解决了。

但是远水救不了近火。家长们每天遇到的是具体问题，只听大道理，没有具体办法，不好操作。找到操作办法，已经事过境迁，明天碰到的又是新问题，老办法又不灵了。

曼云的这本书，把有关的基本理论和人的主观认识感受以及具体的操作方法结合起来，再加上指导读者的实践训练，既使人容易理解接受，又能帮助人从根本上解决问题，从而能够举一反三，得到新的更丰富的收获。好像一下子送给读者一棵根深叶茂的大树。又有针对各种情况的具体方案，又有回味无穷的基本认知，不断产生新的启示。

我很佩服曼云的努力。她努力学习、理解和运用丰富的理论知识。她成功地教育好自己的女儿并且很用心地向女儿学习。她成功地帮助了许多家长也因此积累了丰富的经验。重要的是，她有一颗帮助人解决教育子女难题的心，有一颗期待无数新人茁壮成长的心。有了这颗心，努力了，就自然有收获。

我相信，曼云的书还会写得更厚，会有更多的内容。因为这本书中实际上涉及的只是一部分中国现代家庭中子女教育的问题。实际上还有更多的类型、更多的问题需要解决。时代在向前发展，新的问题不断地产生。

在一次小学生的活动中，有一位九岁的学生介绍了自己的姓名和年龄之后，这样介绍他的母亲："这是我的妈妈，她今年九岁。"在满座的惊讶中，他解释说："我出生之前，她还不是妈妈。从我出生那一刻起，她成了妈妈。所以，我的妈妈今年九岁。"

是的，我们都只能和孩子一起长大，也必须和孩子一起长大。孩子每天都是新的，我们也必须不断地有新的知识、新的认识、新的作为。孩子要在经历各种错误中成长，家长也要在经历各种错误中成长。老话说"天下无不是的父母"，这话不对。作为父母，有错误是不可避免的，只能不断在错误中成长。所以孩子要不断地学习，父母也要不断地学习。家庭教育的理论指导也要在不断地学习中，不断地积累，向前发展。

这是我的希望，也是我的信念。

2020年12月

推荐序2

真知道，不容易

卢勤

曼云这本书的书名很有意思，“好妈妈，真知道”。

“知道”和“真知道”是两回事。“知道”是“知其然”，“真知道”才是“知其所以然”。所以，“真知道”不是一件容易的事，必须有一种不屈不挠的探索精神，才能找到“真知道”的秘密。

孩子就是一个秘密。要了解、找到孩子身上的密码，打开这个秘密，需要下一番很大的功夫。

曼云是一个很爱学习、善于学习、有研究精神的人。她从事青少年教育和家庭教育多年，在接听“知心姐姐热线”的实践中，曼云看到孩子成长中的许多问题都来自家庭。她发现，孩子的成长，离不开身、心、育三个方面，进而提出，在身、心、育三分生态系统中了解孩子，才能真正解决孩子成长中的问题。

这个发现是重要的。

许多父母的焦虑，正是源于看到孩子的一些异样表现而不知所措。如果能从孩子身心发展的规律来看待孩子，就会好得多。

孩子出了问题，先看看孩子身体发育到了哪个阶段，有哪些特征；再看看孩子心理发展到了哪个阶段，有哪些变化；最后看看孩子生长的家庭环境、学校环境、社会环境出现了什么问题，对孩子有哪些影响。看过这三点，再来分析孩子产生问题的原因，就能够找出解决问题的办法了。

曼云自己就做得很好。

她10岁的女儿欣欣是我的“忘年交”。欣欣活泼开朗，酷爱读书，很善言谈。我最喜欢听她聊他们班里的“小屁事”，有故事，有想法，有评论，有血有肉。这种表达能力在同龄孩子中是少见的。这都得益于妈妈对她的信任，常常倾听她的心声，和她讨论问题，从不把自己的意见强加给女儿，才培养出女儿敢于大胆表达自己意见的习惯。

家庭教育的实质是生命的陪伴。“真知道”需要用心陪伴。用什么心呢？我认为有四颗心不可缺少。

第一颗心是“开心”。好心情才能培养出幸福的孩子。

曼云自己就是一个开朗的人。面对女儿的压力与问题，她总会笑着对欣欣说，多大点事儿，咱是大侠能扛过去！欣欣立刻破涕为笑。

试想，当孩子考试成绩差时，如果妈妈整天沉着写满“太糟了”的脸，这对孩子的压力该有多大！妈妈的脸，应该永远是孩子心中不落的太阳！

第二颗心是“静心”。女子安，天下安。妈妈把心放下，静下心来观察孩子，才能发现孩子真正出现了什么问题。欣欣去弹琴的路上突然肚子疼，妈妈不慌不忙把车停在路边，发现孩子是因为没认真练琴，怕老师责罚才会“肚子疼”。一阵暖心的抚慰，女儿肚子不疼了。如果妈妈不静心观察，一定以为孩子真生病了，从而手忙脚乱。

妈妈只有“静心”，才能走进孩子的心灵，揭开孩子小宇宙中的小秘密。

第三颗心是“赏心”。所有的孩子都渴望被肯定被欣赏。妈妈的欣赏最能成就自己的孩子。曼云总是在“漫不经心”中夸奖自己的女儿，所以女儿小小年龄就认定自己是独一无二的。

家庭是孩子成长最重要的环境。家人对孩子发自内心的肯定与鼓励，是培育孩子不可缺少的阳光雨露。

第四颗心是“诚心”。相信自己是自信，相信别人叫信任。信任有一种无穷的力量，能给孩子带来安全感，还能让孩子产生自信。欣欣一家人对欣欣的希望是“当个普通人”，他们始终相信孩子行。欣欣越来越自信，成绩名列前茅，和父母无话不谈。

说话算数的父母有威信。作家斯特林堡讲过一句很精辟的话：“儿童时期是相信，少年时期是怀疑，成年时期是认识。”如果在童年时期，没有建立对父母的信任，孩子是很难信服父母的。

好妈妈要真正做到“真知道”，只能用心学，用心做，用心爱。

2020年12月

自 序

在这里，我首先特别想感谢我的先生和我的孩子。

在他们的“培养”下，我才能实践理论，在现实中成为一个亲密的伴侣、一个温暖的妈妈，建设一个幸福的家庭。

在他们的全力支持和鼓励下，我才能够心无旁骛地追求我热爱的事业，能研发出“T.E.S.三分生态系统”（T：Trinity；E：Ecology；S：System）理论体系，能去传授理论知识和我的家庭教育经验。

正是有了他们和我一起构建起来的幸福家庭作为强大的支撑，我才能够更有信心完成这本准备已久的书，带领更多有需求的父母建构幸福的家庭。

正是家庭，给了我生生不息的力量。

缘起 作为父母，能够有意识地去学习相关的家庭教育知识是很不容易的。大多数父母认为，一代代养育孩子这不过是非常自然的事情。而在主持“知心热线”、做少年儿童及家庭咨询工作的十几年里，我经常会产生一种遗憾：如果父母知道孩子的成长规律，如果父母知道跟孩子怎么沟通，如果父母提前知道自己的这种行为不仅帮不到孩子，还会给孩子带来巨大伤害……家庭就不会有这么多今天正面临着的糟糕的局面，孩子也不会失去那些宝贵的成长时机了。也正因为这些遗憾，才给了我创作本书的动力。

你可以 在这本书中，依据我原创的“T.E.S.三分生态系统”理论体系，结合我同时整理的一些当代心理学、教育学、神经科学等领域的研究成果，了解并理解孩子成长和家庭发展中的科学规律。

本书最大的特色是理论+实践。实践的部分给出了可以直接操作的方法，我想，最初你大概会感觉无从下手。但当你认真地学习了科学知识、实践了操作技能后，相信你会像“T.E.S.三分生态系统”父母成长课程中的学员一样，能熟练运用"T.E.S.三分生态系统"思维方式，在学习和实践中获得成就感，改善自己的生活。

所以，认真读完这本书，你不会成为心理咨询专家，也不会成为教育专家，更不会成为一个全能的父母，但你可以成为你自己家庭需要的、有能力陪伴自己孩子成长的父母。

感谢 这本书得以出版，得益于背后无数人的支持和努力。在此，我要对他们表示深深的感谢。

本书主要内容，大致分为多学科科学基础理论、"T.E.S.三分生态系统"的实践运用两大方面。在课程准备阶段，成长家俱乐部的培训总监祖春梅女士给了我很大的帮助，她查阅了几百万字的英文原版资料，为本书的理论部分提供了坚实有力的支撑。

本书的大部分内容，来自成长家俱乐部"T.E.S.三分生态系统"父母成长种子班课程，沈阳市精神卫生中心的曹杨主任和成长家俱乐部的首席咨询师一杳老师，作为课程的协同老师提出了很多很好的建议和指导。同时，你还可以在"成长家俱乐部"公众号里，找到潘蕾磊女士为课程精心准备的视频资料。

在图书编写过程中，加拿大维多利亚大学心理学文学学士、优秀毕业生贾坤小姐，作为我可爱的小助手，在图书中增添了很多有趣的表达和小故事，大大提高了本书的可读性。

本书的部分案例，来自"T.E.S.三分生态系统"父母成长种子班第一、二期的学员，是他们在每一节课后认真提交作业，分享他们在生活中的新实践，为我提供了大量鲜活而生动的案例。同时，他们运用"T.E.S.三分生态系统"思维方式使家庭关系更亲密、让自己生活变得更积极的反馈，也让我充满了信心和感动。

最后，要特别感谢出版社的领导、编辑团队在出版过程中给予的专业指导，以及我的几位闺中密友毫无保留的大力支持，使本书以它最好的面貌呈现给读者。

同行 让我们彼此陪伴，彼此见证孩子在"T.E.S.三分生态系统"中的成长。我相信，当我成为更好的妈妈时，你也一样成了更好的妈妈。

好妈妈，真知道

好妈妈

刚开始确定《好妈妈，真知道》这个书名时，我的小助理好奇地问我：“曼云老师，这不是一本家庭教育的书吗？为什么用‘好妈妈’而不是‘好父母’？这样会不会显得有些偏颇？”

类似的问题还曾经出现在十几年前。我2005年开始主持“知心热线”，针对来电者的身份统计，连续多年结果都大致相同：妈妈占比65%左右，孩子占比27%左右，而爸爸和其他亲人（包括长辈在内）的占比不到10%。

十几年过去了，这样的情况好像并没有发生太大变化。2020年夏天，“T.E.S.三分生态系统”父母成长课程开班了，同学们惊讶地发现所有来上课的学员都是妈妈！于是我们从妈妈的角度，用“T.E.S.三分生态系统”的思维方式讨论了这个话题，在这里分享给你。

生态角度

是妈妈，从十月怀胎到一朝分娩，再夜以继日地哺乳喂养。所以，妈妈对孩子的爱是“真知道”。妈妈是和孩子在生态角度上最亲密的人，也因此妈妈的情绪更容易被孩子影响。同时，妈妈承载了大部分孩子对亲情的渴望。我曾看到过一个短视频：一位90多岁的老人来到70多岁女儿的病床前，抱着女儿的头说：“娘来了，想娘没？”一个视频引发了无数人对母爱的共鸣，被大量转发。可见人不论多大年龄，都会在妈妈的怀抱中感到爱和温暖。

而爸爸，在妻子怀孕生子过程中，他是观察者，这个视角能够让他更宏观地去观察，有利于提供家庭发展需要的大方向。在养育中，因为男性的个性特点以及和孩子的距离，他们往往会更倾向于理性地从发展的角度训练和要求孩子。

爸爸从理性层面感知孩子的“知道”，和妈妈从感性层面感知孩子的“真知道”有所不同。所以，家庭教育，大多是妈妈更积极也更焦虑。

系统角度

女性不仅是半边天，还是家庭中隐形的支柱。现代社会中家庭的核心是妈妈，都同时是或曾经是职业女性。你身边可能有很多超人妈妈，却很少听说超人爸爸。

在实际的家庭系统中，妈妈一方面参加工作，承担了为家庭提供经济支持的责任；另一方面，又从事洗衣、做饭等家务劳动，为孩子提供生活养育的基础；此外，妈妈还负责学校接送、上课外班等，为孩子提供教育支持；甚至包括组织小伙伴周末、假期去哪里玩儿等娱乐活动，也大多是妈妈们身当重任。

并且，三个女人一台戏，和其他妈妈广泛密切的交流，也更加肥沃了焦虑的土壤。在家庭文化不坚定的家庭中，妈妈们经常是在“看了鸡汤就佛系，看了牛娃就鸡血”的选择焦虑中徘徊。

孩子成长系统中，还有一个很重要的场所是学校。而负责家校连接的主要责任，也大部分落在了妈妈身上。

这么多因素叠加在一起，妈妈们当然在孩子成长中的烦恼更多，情绪也更焦虑了。但同时，也会产生更强的学习动力。能通过学习帮助自己和家庭的妈妈，都是最有前瞻性的女性！

文化角度

从“孟母三迁”“岳母刺字”“欧母画荻”的故事，到民间“ 个好女人，可以富三代”的说法，都可以看出，无论过去还是现在，妈妈对孩子、家庭的影响都是巨大的。

因此，我想和你一起，先做好自己，再做好当下生命中最重要的客体，成为一个好妈妈。

真知道

2020年，是我拿到“国家二级心理咨询师”证书的第16个年头儿。在从事少年儿童成长咨询及家庭教育工作的近二十年里，我通过接听热线、心理咨询、家庭治疗、开展少年儿童活动等各种形式，广泛地接触了无数个家庭，听到了数以万计的家庭故事。

大多数的故事都是由妈妈讲述的，有些人面对孩子的行为束手无策，有些人被孩子总是出乎意料的状况弄得心力交瘁……无论什么问题，结尾总是惊人地相似：“你说我该怎么办？”当面对一个焦虑的妈妈，一个失衡的家庭，迫切地等着拿到灵丹妙药解决问题时，试问，哪位专家可以立马给出一个满意的答案？

如果直接讲道理，你将听到的是：“这些道理我都知道，对我家孩子没用。”

是道理不对吗？不一定。再往下探索，你会发现“知道”和“真知道”之间有着不小的距离。

比如，全世界都知道全球变暖、稀有动物濒临灭绝、人类生存环境正在变得越来越糟糕，但大部分人并没有为此持续且积极地改变对地球不友好的生活习惯，而是等真正受到暴雨、水灾、热浪、干旱等现实危害困扰时，才可能会真正意识到保护环境的重要性。

这就像很多迫切的父母看完书、听完课，但亲子关系依然没有太大的改善一样，因为对父母来说，孩子的问题是当下最迫切需要“解决”的。而如果你告诉他们：父母要通过学习科学的知识，建设良好的关系，学会有效地沟通，这有助于解决孩子层出不穷的问题。这对大多数父母来说，就像是一个“传说”，好像知道，但并没有“真知道”。甚至很多已经走进咨询室的父母也会一边说“我知道我们教育有问题”，一边依然犀利地指出孩子的各种问题，继续指责、批评孩子，希望咨询师可以教育孩子，让孩子变成他们希望的模样。

这些当然不是因为父母不负责任，而是因为，一方面，人们总会自动屏蔽那些长远且看起来跟自己不是直接相关的信息，先满足当下的需要、处理眼前最密切接触的事件；另一方面，从“知道”到“真知道”，是一个需要经历突破“舒适区”并且切实在行动中有所改变的过程，这对任何人来说，都是一个巨大的挑战。

不撞南墙不回头。

吃一堑，长一智。

A fall into the pit, a gain in your wit.（掉进坑里，收获了智慧。）

Only the blind fall into the same well twice.（只有盲人两次掉进同一口井里。）

……

古今中外，无数人认识到这个道理，并用一句句高度相似的谚语来表达它。这也更加说明了“真知道”的困难和重要性。

好妈妈，真知道

倾听着一个个家庭故事，我也和妈妈们一起探索当下状态的形成原因，我们发现：两个成人组成一个家庭、成为父亲母亲、养育孩子……都处在一种“摸着石头过河”的状态。他们缺失的不仅仅是心理学知识，还有教育学、社会学、家庭教育等综合科学知识。

怎么帮助焦虑的父母找到自信，帮助失衡的家庭回归正常状态呢？

1. 父母要明白自己的权利和责任，促进家庭良好发展，父母责无旁贷。

2. 要了解人类发展和孩子生长发育的科学规律。

3. 要学习基本的心理学、教育学、社会学、家庭教育相关知识。

4. 要了解父母、孩子的优势和局限，了解自身独特性，因材施教。

5. 要在现实生活中积极应用学习到的理论，在实践中探索出最适合自己家庭系统的方法。

在这些年的咨询工作中，我发现：只有理论没有方法会让家长无从下手，而只有方法没有理论则治标不治本。而且，迫在眉睫的现实问题是，家长们没有时间和精力自己去探索出有效的方法，而在他们的现实生活中，又没有获得有价值的可学习样本。

于是，我开设了“T.E.S.三分生态系统”父母课堂种子班，通过理解孩子、了解自己、建设家庭三个模块，把父母需要了解的最基本的教育学、心理学、家庭教育的相关知识整理出来，再结合我多年工作中总结出来的简单、有效的实践方法编辑成作业，在讲授的同时配合课后练习。几期课程的实践过后，学员们通过学习“知道”了科学规律，又通过实践获得了“真知道”。

我把课程内容整理出版的初衷，希望它不仅是一本家庭教育读物，更是一本集理论、方法、训练为一体的实用工具，能够帮助急于解决问题的家长通过“学习—思考—应用”的过程，真正提升自己解决问题的能力。这样的过程，会让你明白，你就是发展自己家庭最适合的专家，只要你对自己的家庭还抱有希望，你愿意努力寻找一种更好的途径，你就可以成就自己幸福的家庭。

当我们只读书时，会用漫长的时间做一名旁观者，但当你开始使用练习在家庭中做一些新的尝试时，你就会成为知识和自己之间的一个桥梁，找到最能帮助你的途径，生成属于自己的教养智慧，成为“真知道”的你。所以，你在阅读本书时，可能不会像读一本故事书那样轻松，但略显枯燥的理论是在帮你打牢家庭教育知识大厦的坚实地基，有点难度的练习，则是你可以尝试的生活实践新途径。

坚持实践是检验真理的唯一标准。当你翻开这本书，你就已经具备了想“真知道”的愿望，这是最可贵的动机。

那么，接着读下去，开启你从“知道”到“真知道”的成长之路吧！

三分生态　九分耕耘

层出不穷的问题

我曾经和朋友说，对女儿欣欣的教育，我是以分钟计算的。也就是说，在她的成长过程中，我们母女不停地面对和试图解决“问题”。

那么，你和你的孩子，是否也遇到过这些问题呢？

· 孩子不爱学习

· 孩子总是玩手机

· 孩子做事不认真

· 孩子交不到朋友

· 孩子不跟父母沟通

· 孩子不喜欢老师

……

你读了很多育儿经，可遇到问题还是束手无策；你上了很多家庭教育课，面对孩子还是有心无力。

在对女儿欣欣的教育过程中，在十几年的青少年教育和心理咨询工作中，我发现，孩子的问题很相近，家长的困惑也很相似。

你总希望解决这些问题，但你真能彻底解决吗？

问题出在哪里——生态

心理学家荣格说：“在某种意义上，生活中最重大和最重要的问题都是无法解决的。我们无法解决它们，只能在成长中超越它们。”

举例说，面对沙漠中一个饥渴的人，你给他一杯水，并没真正解决问题，你带他来到一片绿洲，饥渴的问题自然就不存在了。

也就是说，在孩子的成长中，当我们一再被类似的问题所困扰，我们是否应该停止在同一平面的挣扎，去考虑如何超越？当类似的问题一再出现，我们是否应该暂时放下局部，去考虑成长的生态系统是不是出了问题？

新年伊始，我从朋友的苗圃搬回一株长势喜人的发财树。我把它放在家里客厅最醒目的地方，每天浇水，经常施肥，可是不久它碧绿的树冠开始萎靡，树叶开始凋零。我的朋友告诉我，家里有地暖，发财树根部的地方太热。一个月后，很遗憾，它还是死去了。

通过这株发财树的“生死记”，我们不难理解生态系统的变化对一棵树的巨大影响。孩子的成长出现了问题，就如一棵树出现了问题一样，我们对着这棵树吼叫：“你怎么这么没用？别的树活得好好的，你怎么就不行了？别的树一周浇一次水，你为什么三天两头浇水也不精神？别的树能开出美丽的花儿，你为什么只长叶子不开花儿……”这些“咆哮”显然是无用的。

培植一棵树，我们尚且需要了解它到底是一棵什么树，有哪些生长习性，适合在什么样的生态系统下茁壮成长……何况教育一个孩子呢？

我们是给沙漠中的孩子一杯水，还是了解孩子独特的“生态环境”，超越眼前问题，带他真正走到一片绿洲？

将问题置于何处——系统

系统是包含一定数量的子系统的整体，每个子系统都具有自己的结构和功能。

每个人既有自己的个体系统，又身处系统之中，是系统的一分子，而每个系统都有其独特的结构和功能。系统间相互联系、相互制约、相互协调，也相互促进。人和环境、人和他人、人和自己都是一个个互相关联的系统。

从系统的角度看人：每个人的发展会受“个体内部系统”影响：年龄、性别、个性特点、抗压能力、成就动机、知识结构等等。还会受“个体外部系统”影响：成长环境、生活环境、职业特点、民族文化、人际关系等等。

从系统的角度看事：每一件事情的发生都是偶然中带有必然。“冰冻三尺非一日之寒”，一个事件系统中包括发生的时间、地点、当事人、当事人的状态、关联事件等众多因素。

从系统的角度看“问题”：问题是成长过程中的不稳定因素，人生的长河中，并不会因为你解决了当下的问题，后面就不会出现问题。问题本身并没有脱离稳定态，而是大的稳定态中的无数个不稳定的小变量，它的出现只是稳定和不稳定的碰撞，这种碰撞会产生新的稳定态，成为后面发展的必经之路，是成长的契机。

系统还可以再大，罗素说，任何事物只有放在自身一切可能的联系中来加以考虑，它才能产生全部的意义。

系统还可以更大，黑格尔说，世界的任何部分都不可能被单独理解，除非把它放在整个宇宙的背景之中。因此，只有整体才是唯一可能的实在。

总之，系统可以帮助我们更全面地了解事物。

如何“解决”问题——三分

“三”是个很有意思的字。

《说文解字》：三，天、地、人之道也。于文，一耦二为三。成数也。凡三之属皆从三。老子《道德经》：“道生一，一生二，二生三，三生万物。”在数学里，三角形可作为最稳定的结构，支撑整个系统。

身为一位母亲，在多年的儿童青少年心理学研究和家庭教育实践过程中，我发现，孩子的成长离不开“身”“心”“育”三个方面：

“身”是成长的载体、客观的存在和规律，它决定了生命发展的长度。

“心”是心理，是人们的主观体验，是人的认知、情感、意志，也是人和动物最大的区别。“心”决定了生命发展的广度。

“身”和“心”是人发展的基础。

而“育”是指人在社会化过程中为获取生存发展的知识、技能而接受的教化、训练。现代社会，智育能提高人的生存能力，让人们适应社会发展；德育能提高人的道德水平，让人们受到尊重；美育能提高审美情趣，让人们生活更加幸福。因此，“育”决定了生命发展的高度。

“身”“心”“育”三方面相互支撑，缺一不可，彼此既有边界，又互相融合；在不同的时间和空间里，不断变化，支撑生命的多元化发展。

建立“T.E.S.”三分生态系统

基于以上，我研发了“T.E.S.三分生态系统”父母系列成长课程。旨在分享和运用我的研究所得，帮助父母建立起解决孩子成长问题的良性生态系统，提高我们在这个错综复杂的世界中的家庭生活质量，超越当下的问题，助力终生的发展。

我女儿欣欣上三年级时，刚刚开始学习写作文。第一次考试回来她特别开心，告诉我她的作文写得非常好。结果，卷子一发下来，她很沮丧，回家哭了很久。我问她：“欣欣，你为什么哭呢？”

她说：“我感觉很好，却被扣了4分。老师告诉我，扣4分就不及格啦。而且老师让我抄范文，可是我不想抄，那又不是我想的。”

这样的情形，可能许多宝妈都曾遇到过。

直接批评孩子，也许会打击她的自信；站在孩子立场批评老师，也许会降低老师在孩子心目中的威信……无疑这是个棘手的问题。

而在欣欣这棵“小树苗”的成长中，因为我注意在日常生活中了解她的性格、思维、表达等特点，逐步建立起适合她成长的“生态系统”，所以当“问题”来临时，我所要做的，就是迅速找到这个问题在系统中的坐标，有条不紊地着手解决问题。

首先是从“身”的角度。我先抱着哭得很伤心的欣欣，一边安抚她，一边为她擦眼泪，满足她身体层面的需要，接纳她用哭表达情绪的行为，为受挫的孩子搭建起一个温暖的空间。

然后是从“心”的角度。考虑到她还只是个三年级的孩子，且正处于激动的情绪状态中，并不能很准确地表达自己的情绪，所以稍后，我站在充分理解她的立场，采取了封闭式提问的方式："是不是本来你感觉自己写得很好，但被老师扣了4分，所以有些失望？""你成绩一直不错，对'不及格'的结果有些无法接受？""你一直有自己独特的想法，不想抄范文，但又不想违抗老师的命令，感觉很为难？"

在这个过程中，我们逐渐梳理出几个令她如此沮丧的原因，然后一起探索如何面对和解决这些问题。

这个探索过程，就是"育"。

1. 接纳因为落差而带来的失望情绪，因为每一个人面对现实和想象中的落差，都会失望。

2. 研究老师扣4分的原因：错别字较多，用词不够准确。结论是可以多练字、多阅读，巩固语文基础。

3. 分析老师让抄范文的目的，是为了让学生更直观地了解写作的技巧，以便今后运用到自己的写作中。

当我们从"身、心、育"的角度沟通了这件事以后，并没有把扣了4分的作文变成满分，而是让孩子明白了妈妈对她的支持，理解了抄范文也没有那么可怕，学会了语文学习中不只需要观点，基础知识也很重要。

作业做完后，我们聊天时，我很随意地问她："你觉得你们语文老师有什么特点呢？"她说："我们老师特别有才华，每节课都会给我们增加很多课外的内容，课上得生动有趣。我很佩服她。"我说："怪不得，有才华的人不仅对自己要求高，对别人要求也高，所以才会给你扣了4分。我相信你把这些问题解决了，老师也一定会很欣赏你独特的思想的。"

最后，欣欣每天主动练字，写字和文字表达都有很大的进步。学期末，她以整个学期作文总分排名第一的成绩得到了老师送出的一个毛绒玩具。

如同上面的小例子，凡是家有学子的家庭可能都会遇到。当我们在家庭教育中遇到难题时，只有放下急切解决问题的想法，思维从二维升到三维，从平面转成立体，从单一变成多元，用系统的视角去思考，才能真正地超越难题，把它变成亲子共同成长的见证。

当然，这一生态系统的建立，是一个亲子之间长期沟通和实践的过程。系统是指更大的视角，不是一个固定的实体系统，是让父母在处理孩子问题时，能想到更多的影响因素，积极地探索解决方案。如果说“生态系统”是帮助你思考，那么“三分”就是你行动的好帮手了。

学习，需要学而时习之。听课、看书只解决了“学”的部分，只有通过不断练习，才能真正把学到的知识内化成自己的“内力”。

这套课程以“T.E.S.三分生态系统”作为理论基础，课程设计参考了“目标分类教育法”和“学习金字塔”理论的研究，在课程中除了有翔实的理论讲解、实践示范，还通过作业、训练、自评等方法，让你不仅仅“读书听课”，还通过“学”和“习”，从“知道”走向“真知道”。

欢迎你走进书中，更欢迎你来到我的成长家课堂。

赵曼云

2020年6月

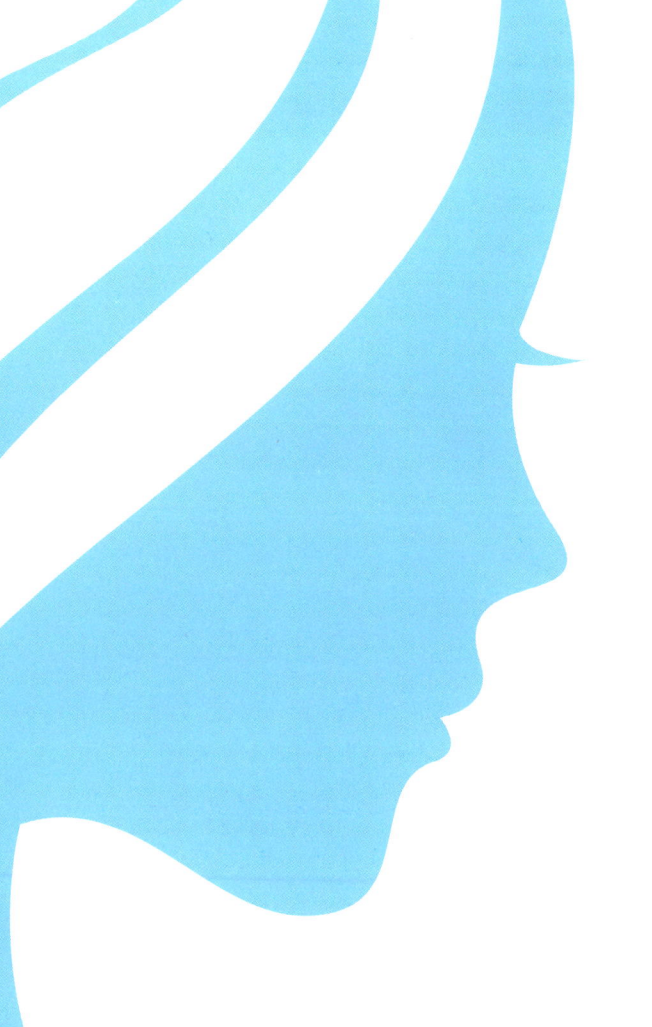

第一章

在『身心育』三分生态系统中了解孩子

用生态系统的关系看待孩子，接纳他是这个世界上独立而珍贵的个体；用系统的结构去理解孩子，明白他所展示出来的一切言行，都是在他的内部系统和外部系统共同作用下产生的；从“身心育”三分的视角着手，升级你的家庭教育思维模式。

欣大侠的小故事

一天，在送女儿欣欣去上钢琴课的路上，我发现欣欣歪在后座，坐立不安。

“怎么了？”

欣欣没有立马回答，过了一小会儿，我才听见小丫头小声哼哼：“妈妈，我肚子有点儿疼啊。”

“肚子疼，今天早上你又从冰箱里直接拿酸奶喝了？”

“我才没有呢。”女儿皱着鼻子反驳道。

听到这里，我心里已经对她“肚子疼”的真正原因有了猜测。每次她遇到难题，觉得紧张又或者感到压力的时候，她总会多多少少染上些“小毛病”。这次多半也是这样。果然，当我问她老师是不是又给他们安排小测验了，我得到了欣欣不大情愿的肯定回答。

我停下车，走到后座，在她身边坐下来。我没有急着和她谈论钢琴课的事情，而是先拿出温开水让她喝了一点儿，随后再来点儿软糯的小点心让小丫头甜甜嘴，欣欣肉眼可见地放松了下来。

直到这时我才开始提起钢琴课这个话题。我们先聊了聊本次上课的内容，又讨论了一下上节课学的内容有哪些地方是她觉得困难的，最后她告诉我老师留的作业里有一部分曲子她掌握得不是很熟练，这让她在一会儿课上要面对老师的时候倍感不安。

我跟她说：“去上课，老师不是为了看你弹得有多好，而是要知道你在哪里遇到了难题。老师是那个能帮助你的人。”

这样宽慰过她之后，欣欣的小肚子终于不再那么疼了。

其实类似的谈话在我和女儿之间进行过很多次，但每一次谈话的重点在于我的目的并不是要去解决“肚子疼”这个单一的问题。相反，我从欣欣的生理特点（身）；欣欣的心理反应（心），以及举一反三的教育（育）三个方面，通过对话对她进行帮助，并陪伴她度过一段“不舒服”的时间。

同样是这个例子，现在让我们模拟一个完全相反的情形。

假如我在听到欣欣说她肚子疼的时候，没有对她感到不舒服的原因进行分析，又或者猜出她肚子疼的原因却没有对她进行后面的疏导，反而认为女儿的行为是她为了逃避上课而使出的小把戏，这样粗暴的主观臆断会带来怎样的后果呢？

这其实不难想象，一场带着情绪的争吵，一顿饱含怒火的斥责，又或者是一阵弥漫着失望和压抑的沉默？总归不会是让欣欣愿意带着笑脸走进钢琴教室这个结果。而遗憾的是，这样的失败在众多家庭中其实并不罕见。

读到这里，我猜很多读者可能会忍不住在心里问一句：为什么会这样呢？

故事汇

我发现很多家庭冲突的根源来自父母对孩子的不理解，父母对孩子的评价往往建立在自己单一武断的主观猜测之上。孩子的表现不被理解，那他们真正的声音自然也不会传到父母耳朵里。这样的结果要么是他们加倍努力地“呐喊”，要么是他们闭口不言，逐渐关闭表达的通道。

在我养育孩子的过程中，我有一个发现：即使是婴儿，他们也能捕捉到你表达出来的善意和接纳，并可以用他们的能力给出回应。当你发现婴儿能咿咿呀呀跟你对话，他并不是神童，而是在你和他反复互动时形成了你们独特的相处模式。

也有家长经常好奇：“为什么孩子不愿意跟我们说的，却愿意跟你表达？”这当中并没有什么高深的秘密。当你和一个孩子互动时，你考虑到孩子的年龄和性格，了解他当下的特点，再用适合他的言行，开放的互动自然而然就展开了。

当出现问题时，很多家长急于寻找一颗能够解决孩子毛病的“万灵药”，然而，如果不系统地了解孩子，仅是“头疼医头，脚疼医脚”的服药，并不能做到药到病除。很多时候，孩子们所呈现出来的问题背后往往隐藏着更深的病灶。

父母都是普通人，他们并不会因为成了父母就自动学会关于孩子发展的一切知识，就能够游刃有余地教养孩子。

所以在本章里，我们将一起了解孩子不同年龄段的大脑发育、认知思维水平的相关内容，希望这些信息能够帮助你通过“身心育”三分生态系统来进一步了解你的孩子，并且在你遇到生活中的问题时，能够运用本章学到的知识，选择适合孩子们发展特点的教育方式，帮助你和孩子共同克服眼前的困境。

你真知道吗

作为爸爸妈妈，你觉得自己足够了解孩子吗？让我们一起来做一套“头脑体操”吧。看看关于孩子的事情，你知道多少呢。

事项	知道	不知道
1.他/她穿多大码的鞋子？		
2.他/她通常使用手机做什么？		
3.和他/她要好的同学有几个？都是谁？		

续表

事项	知道	不知道
4.他/她最崇拜的偶像是谁？为什么？		
5.最近发生的令他/她苦恼的事是什么？		
6.现在所学习的科目里，他/她感觉最难的功课是什么，为什么？		

表格里的问题是两类问题的典型代表。

一类叫**外显问题**：是客观存在的，通过观察就可以了解到的外显事实。比如问题1和问题2。

一类叫**内隐问题**：是需要深度沟通交流后才可以了解到的，隐藏在孩子内心的主观喜好、感受，甚至是孩子不愿轻易告知他人的秘密。比如问题3～6。

在3、4、5、6题的答案中，如果否定比较多时，说明你对孩子的理解程度较低；如果肯定比较多，说明你们亲子关系良好。

在孩子长大的过程中，外显问题越来越少，内隐问题越来越多，也越来越重要。作为孩子的养育者，我们如何做孩子内心世界的好朋友，不缺席他们的成长呢？

第一步就是了解孩子，这一章将带领大家了解怎样用简单的方式，掌握了解不同年龄孩子的技巧。

是什么

都说“父母是孩子的第一任老师”，可是这个“老师”却没有“教师证”。于是家庭有时是和谐的“教室”，有时变成激烈的“战场”。吃饭、刷牙、睡觉、写作业、报补习班等大大小小的事情都有可能在某一时刻成为“两军对垒”的导火索。

娜娜的妈妈这几天很生气，因为她前几天接到了娜娜班主任的电话。班主任表示娜娜最近频繁逃课，作业也经常不交，对娜娜最近的学习状态表示了担忧。妈妈怒气冲冲地推开女儿的房门，发现娜娜在自己的房间里穿得花里胡哨，正对着电脑摄像头跳舞。这时妈妈才知道14岁的娜娜最近迷上了一档选秀节目，正打算模仿节目里面的漂亮小姐姐们，把自己新学会的舞蹈录下来发到网上去。为此，妈妈大发雷霆，没收了娜娜的电脑和小裙子，然后勒令娜娜必须提前完成周末作业。对于妈妈的要求，娜娜抗议道：“学校一点儿意思都没有，我要做我喜欢的事情。另外，你未经我的允许就没收我的东西，你知不知道什么叫尊重啊？”说完，娜娜摔门而去，留下妈妈一个人在房间里头疼。

就像娜娜妈妈经历的那样，你的家庭是否也曾经沦为过“战场”？炮火连天过后，面对满目疮痍，在战后重建的同时，你是否也为“孩子不听话”这个战争原罪、和平大敌而头疼不已？不理解为什么父母和孩子的想法总是大相径庭？想找到一个“绝招”让孩子一下变成“别人家的孩子”？

想要找到这把“金钥匙”，我们首先需要全面地理解孩子身体、心理、认知的发展规律，从而帮助我们更好地理解孩子言行背后的原因。

每一个生命个体都有独特的发展规律。任何现象都不是凭空出现的，“不听话的孩子”和“别人家的孩子”也一样。接下来，我们看看过去误读了孩子的哪些成长讯息，来重新理解孩子，学习做一位能读懂孩子生长系统的妈妈。

为什么

孩子为什么不愿意跟别人分享？

孩子为什么说到做不到？

孩子为什么写作业磨蹭？

孩子为什么放不下手机？

……

当这些问题一出现时，相信你愤怒的小火苗儿也跟着蹿起来了。你也许没想过，这些看起来的“问题”却是跟人类生长发育有关系的。接下来，我们从身、心、育的角度来看看，到底是哪些规律影响了孩子的行为。

了解孩子发展的规律——身

这天，10岁的咚咚和妈妈商量，能不能中午让他玩一会儿游戏，然后下午由他自己独立完成作业，不用妈妈监督。妈妈批准了，然后和咚咚拉钩，咚咚也拍着胸脯表示男子汉大丈夫绝对会遵守约定。一个下午过去了，其间，妈妈按照约定，一直待在客厅忙自己的事情，并没有去咚咚的房间。结果到了晚饭时间，妈妈去叫咚咚吃饭的时候才发现，咚咚几乎一整个下午都在玩游戏，作业才刚写了两笔。咚咚说到却做不到，这让妈妈很生气。

当咚咚不完成作业时，妈妈的第一反应是孩子贪玩拖沓、不守承诺，学习态度不认真，这样的认知可以让任何一个妈妈火冒三丈。

当你做出这些认知和评价时，有没有考虑过孩子的年龄呢？

大脑是身心发展的物质基础。3岁、6岁、12岁、18岁、25岁的咚咚没有在约定时间内完成作业，都可以用相同的评价吗？回答当然是否定的。因为，儿童的学习能力、表达能力、统筹能力、管理能力都与他们大脑的发展水平息息相关。

大脑是心理、行为发展的物质基础，是人体的司令部。我们所有的思想和行为都是在司令部——“脑”的指挥下完成的，它是集合了亿万神经的中枢系统，会随时随地根据需要向我们的身体发出指令。然而很多家长忽略了一个重要却又理所当然的信息，那就是大脑并不会在孩子一出生时就具备与成年人一样的所有功能。

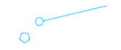

脑和身体的任何一个部位都一样，它会遵循自身发育的规律，随着时间慢慢成熟。另一方面，它身为司令部的特有地位，又决定了其成长所带来的影响将不同于四肢五脏那般易于察觉。大脑不同的发育阶段，决定了人在生理、心理、情感以及认知等多个不同方面的发展状态。

这是一张成人大脑的功能分区图，蓝字是左脑功能，灰字是右脑功能。

令很多人惊讶的是：一个人直到25岁，大脑才发育成这样完整的形态。

25岁以前的青少年的大脑，还有一些区域依旧在发育中。正因为如此，“孩子还是孩子”这句话不仅仅是在情感上包庇孩子，它同样具有科学依据。正是脑的这种持续发展状态，让孩子们在各个方面都还有机会变得更好。因而，我们面对孩子的时候需要建立系统的发展思维，把孩子放到整个人生里，

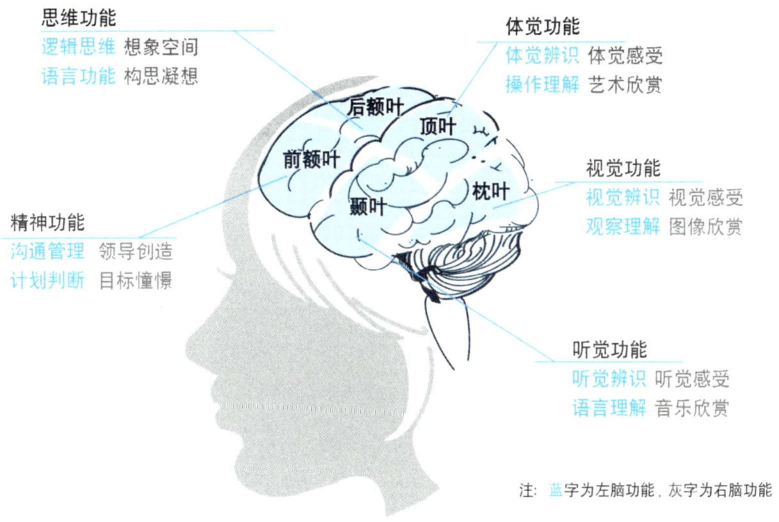

成人脑区分布图

用成长的动态视角去理解，从而帮助孩子朝着积极的方向发展。

看到这里，可能还会有很多妈妈说："道理我都懂，可是一看到孩子不听话就来气，什么也顾不得了。"

会这么说，就说明她们口中的这个懂就是前面提到的"知道"，而不是"真知道"。

如何训练自己做到"真知道"呢？当孩子的行为令你生气时，妈妈可以套用下面两个问题自问，帮助自己从"身"的角度衡量孩子现在的发展水平，理解孩子的行为。

1. 就孩子的年龄来说，他/她的生理发展到了什么阶段？

2. 孩子现在的思维特点是什么？

想要解答这两个问题，我们先来了解一下少年儿童的大脑发育及相关功能发展。

下页这张图，是一张婴儿的大脑图。从新生儿到1岁左右，是从下往上依次发育的。

你可以看到这张图跟前面成人的大脑图有非常大的不同。这是因为人类大脑的发育比我们看到的外在身体发育还要缓慢。负责不同功能的神经，发育成熟的时间是不同的。也正是因为不同脑功能发育的不同时间，决定了那个阶段大脑的不同功能。

按照时间顺序来看，最早成熟的是控制躯体运动部分的皮质，也就是负责感觉与运动功能这些最基本的脑功能的神经元。从生态系统的角度不难理解，生存是所有生命体的第一要务，人同样得先会吃、会动、会行走才能存活下来。

紧接着，大脑中和语言相关的神经连接会急剧增加。所以，一般小宝宝在学会爬、坐之后就开始牙牙学语。民间也有俗语称："七坐八爬，九个月喊爸爸。"

再从生态系统的角度理解：婴幼儿在最基础的生存相关的功能得到建立的前提下，开始通过简单的发声来传达他们进一步的需求，比如抗议米糊糊不好

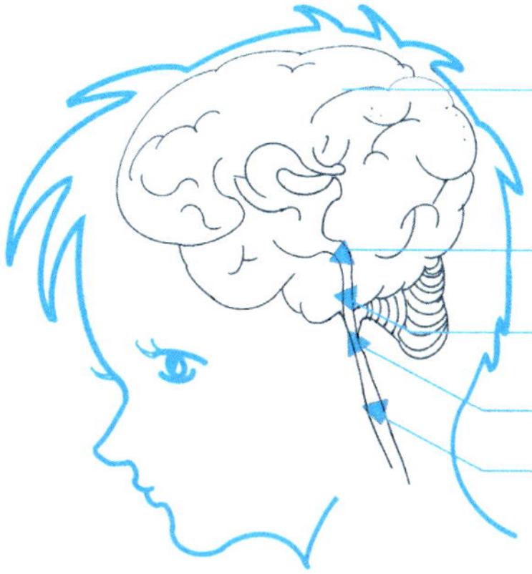

婴儿大脑发育顺序图

吃，提醒爸爸妈妈可以考虑换个口味。

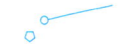

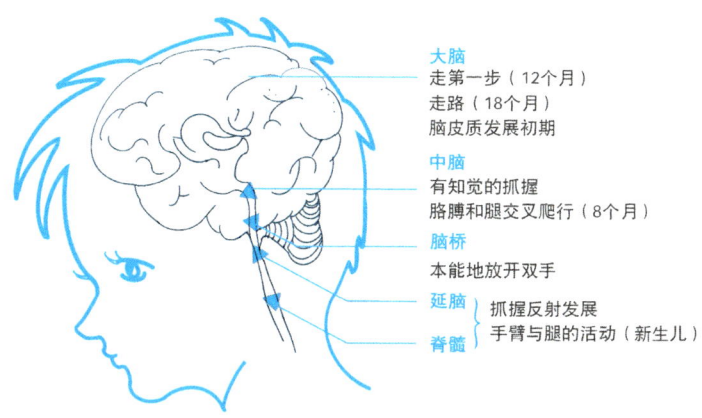

语言的使用可以帮助婴幼儿获取养育者更多的关注和情感的回应，从而提高自身的生存概率。也就是说，人类大脑的发育优先发展生存需要的基本功能。

保障了生存所需，“司令部”可以考虑开发一些新的功能了。于是接下来得到发展的是控制复杂感知的皮质，如视觉和听觉皮层区。现在他们可以通过看到的、听到的和触摸到的一切，来进一步了解这个对他们来说还尚显陌生的世界。

在这一时期，孩子对世界的理解主要还局限在他们的直接经验上，他们接收到的信息很少会进行复杂的后续加工，所以花是红的，草是绿的，糖是甜的，药是苦的。跟这个时期的孩子交流要用简单、确定的语言，最好不要用假设和模棱两可的内容这样他们才能理解。

大脑中的颞叶，在情感、判断和语言中起重要作用，直至孩子上高中甚至更晚才能发展充分。了解到这一点，你就会理解：

为什么青少年的想法总那么天真，也不会看到孩子做事情毛手毛脚就生气，更不会苦恼亲子对话时鸡同鸭讲式的尴尬了，甚至当再被孩子直截了当无情地怼回来时，愤怒程度也会降低了。

大脑最晚发育的部分是最外部的皮层。这一部分比大脑其他部分更容易受到环境的影响，需要长期社会生活经验、教育等影响、训练才能逐步成熟，可以说这一部分是被生活环境、家庭环境、教育环境熏陶出来的。特别是负责高级认知功能、控制高级思维过程的前额叶皮层，一直到25岁左右才会完全成熟。

值得一提的是，这部分大脑功能的发育特点恰好说明一个人大脑的构造不仅受遗传基因的影响，还会受到教育和环境的塑造，这也正是后天教育的重要意义之一。

正是因为大脑这种持续发展的特性，才使得成人比青少年，青少年比儿童在非正常状态的低压或高压情境下，自控能力更强。表现在对学习和生活更有计划性和条理性，更能抑制自己的冲动行为。

所以，虽然在一般情境下，青少年从外形上“看似”和成年人相同，但由于他们的大脑还尚未发育成熟这个生物性原因，青少年很难完全规避危险，有些时候也不能有效控制自己的冲动。

了解大脑各个发展阶段能有效帮助父母理解孩子们在相应发展阶段种种难以理解的行为。下面以众多家长甚为关心的成长阶段——青春期为例。

说到“青春期”这三个字，很多家长脑海里可能自动闪过一句话——“寒叶飘零撒满我的脸，吾儿叛逆伤透我的心”。他们不禁会问：我家的孩子现在不管干什么都喜欢和我对着干，说了不听，骂了不行，曾经母慈子孝，现在鸡飞狗跳。唉，青春期的孩子怎么就这么叛逆呢？

这个问题，我们先从大脑发育的角度来进行解读。

这时期大脑其他部位的发展渐趋完善，尤其是负责情绪反应的边缘系统已发育成熟，而负责复杂性思考和理性决策，掌管长远计划、冲动控制和情绪调节等功能的前额叶皮质却尚未发育成熟。

这种大脑发育的不平衡带来的结果就是：

一方面，青少年感受力非常丰富，他们热爱运动，好奇心强，喜欢冒险，性欲觉醒；另一方面，青少年的情绪不稳定，自我控制能力相对其他能力发展而滞后，他们爱冲动、没有计划，有时表现出易怒、难以沟通、追求感官刺激等心智不成熟的迹象，做出一些青春期特有的危险行为和冲动行为，甚至发生自残、自杀或激情犯罪等行为。

因此，人们常常把青少年的大脑称为“脱缰的野马”。

而这种不协调的表现往往让大脑已经得到充分发育的成年人难以接受。他们不理解：

· 为什么一个简单的学习计划孩子们都无法顺利执行；
· 为什么一个显而易见的道理孩子们会理解不了；
· 为什么面对一些大人眼里鸡毛蒜皮一样的小事，孩子反应会这么激烈。

作为孩子，他们正处于一个各方面都相当不稳定，极度“易燃易爆炸”的阶段，很多问题不是他们不想，而是客观上无法做到。这个时候家长的一些要求在他们看来就会显得特别虚无且不合理。

他们无法达到成年人的要求，随之而来的失落、烦躁等负面情绪带来的影响会比成年人来得更为猛烈。而当他们小心翼翼发出求救信号之后，受限于这个阶段尚未得到充分发展的情绪控制、自我理解以及自我表述能力的缘故，他们的求救信号往往被包装成一段难解的摩斯密码。

很遗憾，不是所有的父母都是福尔摩斯，有兴趣并且有能力从重重迷雾中找到闪烁着微光的真相。这也导致父母在回应少男少女那些云里雾里的“中二”呓语时，往往和孩子们的频道对不上，双方鸡同鸭讲，最后谈话破裂。

这就好比一个新手司机上坡溜车，惊慌失措之下求助于稳坐在副驾的老司机如何控制油门和离合，老司机沉思片刻，然后回答说“这都不会，凭感觉呀”一样令人崩溃。

信息不对称带来了沟通上的失败，当问题再次产生，父母会认为我苦口婆心的劝说被子女当作耳边风，而孩子则会认为父母只会唠叨一些有的没的，车轱辘话来回转却无一能涉及重点。一个觉得对方不受教，一个觉得对方不理解自己，双方矛盾越来越大，直到产生难以弥补的裂痕，家中乌烟瘴气，一片狼藉。

所以，陪伴青春期的孩子，对父母来说是一个非常大的挑战。你需要通过学习来掌握这个阶段孩子的认知思维规律，做好充分的准备，在他们要“脱缰”的时候能用爱和理智唤醒，而不是用指责和放任令他们失控。

了解了儿童青少年大脑发展的规律，再对孩子的某个行为做评价时，就明白首先要考虑孩子当下的大脑发育状况，然后再做决断。

如果孩子对你说：

- “我也想控制不玩手机，可是在家里待得太无聊了。”
- “我本来只想玩一会儿，可是一拿起来就忘记时间了。”
- “我是做了规划，可是同学叫我讨论一件事，时间不知不觉就过去了。”

……

那么请你在发火之前先理解他们是一个边缘系统发展得很好的，具有强烈好奇心，而同时前额叶发展相对滞后，没有多少自控力的懵懂少年。

当我们能够暂停并思考孩子的综合发展现状时，就能够放下愤怒、失望、迷茫和无助等消极情绪，更从容地找到孩子“发展难题”的解题思路，作出支持性的反馈了。

大脑是人类心理、行为的“司令部”，在不同的大脑发育阶段，是怎么指挥和影响孩子的心理的呢？下面这两个问题可以帮助我们进一步从心理层面理解孩子。

1. 孩子的认知和情绪有哪些特点？

2. 孩子这个阶段最容易在哪些方面产生困惑？

了解孩子发展的规律——心

优优今年读四年级，爸爸发现好几次她在做计算题时，都用手机查答案。爸爸把他的发现悄悄地告诉了妈妈。妈妈看到这个情况，就对优优脱口而出：“你怎么抄答案呀？”

优优很不高兴，当即反驳：“我就是怕错了，对一下答案，你怎么这么不信任我？”

妈妈却说：“为什么别人都会，你不会？你就是不努力，上课认真听讲，好好学习怎么会做错呢？”

最后母女俩吵得不欢而散，谁都不理谁了。

这样“公说公有理，婆说婆有理”的争吵相信在每个家庭中都会上演。

妈妈的“你怎么抄答案呀”这句话是一句决断。而优优在解释过后说“你怎么这么不信任我”也是一句反击。优优的解释并没有带来妈妈的释怀，反而用加倍的评价来打击孩子。最后既谈不上有效，也算不上沟通，而是以谁也没有说服谁收场。

认知发展依序进行。这时，如果妈妈了解四年级孩子的认知发展特点，非但不会武断地批评优优，反而会成为她在学习上的好帮手。因为，影响一个四年级孩子解题能力的因素，可不仅仅是上课的态度，还跟认知发展特点有关。

发展心理学是系统研究人类心理发展变化规律，支持人们完成不同阶段发展任务，做最好的自己的一门学科。

瑞士心理学家让·皮亚杰的认知发展理论被学界运用最广，并且对于我们了解孩子的学习发展很有指导意义。

阶段	年龄	特征
感知运动阶段	0—2岁	通过反射、感觉和动作等与环境的互动来学习 开始出现模仿和记忆，逐步向符号思维过渡 从无意行为向有意行为转化
前运算阶段	2—7岁	语言能力和符号思维能力逐步发展 思维的当下性，难以对未来或过去进行思考 能够进行单向的逻辑思维，自我为中心 难以理解他人的观点
具体运算阶段	7—12岁	能用逻辑的方式解决具体的(需要动手的)问题 能理解客体守恒的规律，能分类和排序 能进行逆向思维 能理解过去、现在和未来
形式运算阶段	12—16岁	能用假设和演绎的方式思考问题 能用逻辑的方式解决抽象的问题 思维更具科学性 能从多个角度看待问题，开始关注社会问题、个人认同感及公平公正

皮亚杰认为儿童的认知发展是按照相同的顺序经历了感知运动阶段、前运算阶段、具体运算阶段、形式运算阶段四个阶段，并且每一阶段的发展都是建立在前一阶段发展任务完成的基础上的。在不同发展阶段之间，可能存在比较长的过渡期。同时他也提到，表上所呈现的年龄是相对的，文化和环境等因素会影响儿童认知发展的速度。

1. 感知运动阶段（Sensorimotor Stage，0—2岁）

0—2岁的婴幼儿尚未掌握语言，他们主要是**通过感觉和运动的方式探索外在世界**。也就是说，婴幼儿通过看、听、触摸、抓握、品尝以及移动等方式来获得经验，开展思考。

比如：婴幼儿会通过啃、咬、拍打、撕等看起来具有“破坏性”的行为对待事物，这时请不要批评制止，而是可以跟他分享他获得的经验，因为这些运动是他们探索世界的主要方式。

这一阶段婴幼儿发展的标志之一是他们逐渐获得了“**客体永恒性**”的概念。也就是说婴幼儿不论有没有感知到一个事物，他们都始终能够意识到这个事物的存在。

比如：妈妈上班去了，宝宝虽然白天没有看到妈妈，但他知道妈妈只是暂时离开，还会回来的。

另一个标志是婴幼儿发展出**有逻辑的目的性行为**。也就是说6个月左右的婴幼儿已经可以建立一个解决问题的图式，有序地完成任务。

比如：他们可以打开盖子，把盒子倒过来取出玩具。如果玩具被卡住了，他们会尝试摇一摇盒子，看着玩具掉下来。而且很快他们也能够学会反着做，把玩具装进盒子里，盖上盖子。

但在这个时期，婴幼儿的认知仍建立在感知觉的基础上，还没有达到相应的水平，不能通过推演来认知世界。

2. 前运算阶段（Preoperational Stage，2—7岁）

伴随着牙牙学语的开始，语言功能的发展促使2—7岁的幼儿可以更多地使用象征性符号思维，他们也开始运用概念和心理推理来思维。比如：看见鞋子他们可能会想到去楼下的花园玩。因为幼儿把鞋子看作出门玩耍的象征。

此时，幼儿的认知发展进入了前运算阶段。但他们的思维也受到了“中心化”的局限，也就是说，学龄前幼儿更关注事物可见的、表面的、明显的那一部分特征，而难以考虑事物的全部信息。这也导致了这个阶段的幼儿不能采取他人的观点，思维具有“**自我中心**”的特点。

皮亚杰在著名的“三山实验”中发现了幼儿的这种思维特点。

实验者在桌子上放了三座山的模型，三座山在高低、大小、位置上都有明显的差异。他先让一个3岁的孩子坐在一边，然后把一个布娃娃放在孩子的对面。然后，实验者问了这个孩子两个问题：

第一个问题是：“你看到的三座山是什么样子？”

第二个问题是：“娃娃看见的三座山是什么样子？”

结果实验者发现，孩子回答这两个问题的答案是一样的。3岁左右的孩子只会从自己的角度出发去看三座山的关系，而不会站到对面娃娃的角度来看三座山的关系。

皮亚杰用这个实验证明了这个阶段的幼儿采取的是一种自我中心的思维方式，难以考虑到其他人的观点。

幼儿“自我中心思维”的表现形式有两种：他们不会意识到别人会从不同于自己的角度来看待事物，也不能意识到别人或许持有和自己不同的想法、感受和观点。比如：一个3岁左右的孩子为了得到一个玩具哭闹不止，父母苦口婆心地讲道理根本不管用；4—5岁的孩子，拒绝把玩具分享给别的小朋友。

请注意：这些表现并不意味着这一阶段的幼儿故意以自私或者不考虑他人的方式来思考问题，他们只是受自己认知发展的限制而表现出“**自我中心思维**”的方式。处于前运算阶段的孩子在生活中从自己的感受、体验出发看待事情是正常的表现。

心理学家也发现，有些幼儿在某些时候是可以站在不同的角度来思考问题的，或者知道别人和自己想的是不同的。他们推测这种差异性与幼儿的生活环境和文化背景相关。

此外，处于前运算阶段的孩子的**思维具有不可逆性**。

比如，你问4岁的朵朵：“你有妹妹吗？”朵朵会回答：“有啊，叫果果。”

如果你再问她：“那果果有姐姐吗？”朵朵就不知道该怎么回答了。

你看，这就是我们这个阶段的小宝贝儿们，他们在飞速发展，但却不是完美的，而且还经常让父母气恼。了解了这些，请父母给予孩子更多的理解、接纳、支持和指导，帮助他们顺利地走向下一阶段吧。

3. 具体运算阶段（Concrete Operational Stage，7—12岁）

这个阶段正是孩子们上小学的阶段。皮亚杰总结：这一阶段儿童的认知特征是“**主动且恰当地使用逻辑**”。“运算”这个概念是皮亚杰从逻辑学引进来的，我们可以理解为“思维”。这个阶段儿童的思维开始出现具体运算的图式，能进行初步的逻辑思维。他们的思维具有可逆性，并获得守恒概念。

比如，他们渐渐能理解物质、重量、长度、面积、体积、分类概念、序列概念和关系概念等。对此，小学生的父母们一定非常熟悉，因为这些内容会在小学生的数学教科书里次第出现。

进入具体运算阶段，标志着儿童的思维水平发生了质的飞跃。

当儿童开始出现“守恒”的思维时，他们就能够摆脱事物的表象，“运用认知和逻辑过程”去做正确的推理运算。当然，他们还离不开具体事物或形象的帮助。比如：小学低年级数学书里计算习题中，就给出很多实物图案来帮助孩子和抽象的数字做连接。

皮亚杰做过一个守恒实验，证明了这个阶段儿童的思维守恒水平。

实验者给出两个完全相同的容器，在里面装上液体。先让儿童调整两个容器里的液体容量，直到他认为两个容器中的液体一样多为止。然后，实验者当着儿童的面，将其中一个容器中的液体倒入另一个矮而粗的容器中。最后，要求儿童判断这两个容器中的液体是否一样多。

思维达到守恒水平的儿童，就能认识到两个容器中的液体仍然是一样多的。

儿童思维水平的提高，也让他们的思维从“自我中心”走向“去中心化”，他们已经具备了考虑一个情境中多个方面情况的能力。这为学习中的广泛讨论提供了可能。

这时，在班级中进行小组讨论式学习，在家庭中针对一件事情请儿童参与讨论，共同得出结论，都有助于儿童提高思维水平。

如果家长不能理解孩子们这个阶段的发展特点，那么就很有可能会看到这样的场景：

妈妈望子成龙，提前为自家孩子辅导高难度数学题，几经讲解后孩子还是无法理解。对此妈妈表示很失望，并决定对自家这个非神童行列的孩子实施笨鸟先飞计划。兴致勃勃地规划好孩子未来的辅导班蓝图后，妈妈却发现自家孩子对于这个伟大的五年规划丝毫不上心，相反，他心里想的全是今晚六点放映的动画片马上就要大结局了。妈妈扯着孩子的耳朵说教了一个下午，可惜收效欠佳。做妈妈的心里搓火郁闷还干着急，而另一边的孩子更是捂着自己的耳朵茫然又委屈，调皮点的小家伙说不定还会在心里暗自诽谤：妈妈动不动就生气，可真是不讲理，也不知道是不是到了更年期。

4. 形式运算阶段（Formal Operational Stage，12岁至成人）

12岁以上的青少年，思维方式已接近成人。很多青少年认为自己已经长大了，因为他们已经学会使用形式运算，他们的抽象逻辑思维、系统思维、推理等高级思维能力已发展起来。他们能够看到事物的不同层面，具备了一定的批判性思维的能力，这让他们的思想更为独立。

这种思维品质的进步也改变了青少年与人相处的方式。他们开始变得好争辩，对于师长的见解更多地持怀疑态度，喜欢运用抽象逻辑推理来“挑刺儿”。

这种情况会一直持续到成年时期。由于能够体察事物的多面性，他们做决定时的犹豫期更长，需要更长的时间权衡后才能做决定。由于开始挑战父母师长的权威，他们变得更加理想主义；同时由于阅历上的差异，在和成年人发生分歧时，他们认知层面的片面也让他们更加容易坚守己见，而在需求被驳斥或者达不到自我设立的要求时，他们精神层面的不稳定性又容易使他们产生敌视周遭或自我否定等不可控行为。比如：青少年常常用大声反驳来维护自己的独立意识，对老师、父母的要求不假思索地抗拒，对家庭、学校，甚至社会制度提出质疑，挑战或者反对权威，用极端的方式争取权利，等等。

这是一个青少年为自己成年做准备的时期，他们在迷茫中徘徊，在肯定与否定之间相互碰撞，他们总在寻求自己存在的意义和价值，为自己谋求与成年人同等的地位，追求公平、公正。

最后，皮亚杰在概括他的认知发展阶段的理论时强调：

各阶段出现的一般年龄可能会因为个体生物性差异和社会文化、环境的差异而有所不同，但各个阶段出现的先后顺序不会变。

而且，各个阶段作为一个整体结构，它们之间不能彼此互换，个体从一个阶段进入到下一个阶段也需要一个比较长的过渡期。

换言之，孩子们在每个阶段的发展并不是一蹴而就，家长们在耐心看护子女成长的同时也需要考虑孩子们的个体差异。

拔苗助长式的教育很多时候并不能使家长达到目的，但这不是孩子的错，因为很多时候，当家长拿着远超孩子当前认知水平的任务来要求孩子时，这本身就像是饭店后厨还没出师的学徒突然被老板要求准备一桌满汉全席，同样不合情理。更有甚者，有心急的家长还会布置超难题，试问一个还在兢兢业业削土豆的小学徒，要怎样才能独自制作出一道国宴级别的佛跳墙？天可怜见，要知道这个小学徒前天才刚学会怎么做拍黄瓜！

由此可见，作为父母，了解孩子的认知发展规律，依据孩子认知发展的阶段性特点因材施教，因时施教，才能更好地支持孩子发展。否则，无论是拔苗助长，还是坐吃山空的教养方式，都会换来不可逆转的遗憾。

了解孩子发展的规律——育

终生发展具有阶段目标

还记得我们之前提到的那个因为玩游戏而没来得及写作业的小男子汉咚咚吗？

被妈妈发现偷玩了一下午的游戏之后，咚咚感到非常心虚，然而妈妈却没有大发雷霆，只是叫咚咚先洗手吃饭。晚饭期间，妈妈虽然没有批评咚咚，但始终沉着脸。吃完饭，咚咚趁妈妈洗碗的时候偷偷递过来两张小纸条，期期艾艾地表示了歉意。

等处理完家务后，妈妈把咚咚叫了过来，母子俩坐在沙发上，心平气和地讨论了今天下午沉迷游戏影响学习的事情。经过这番谈话，咚咚也意识到了错误，当晚写作业时主动提出远离游戏。

游戏事件一方面让我们了解到四年级的小学生对诱惑的抵制能力是很有限的；另一方面，我们也看到游戏世界对咚咚来说是有趣的、令人好奇的，他对于新技术的掌握是那么的渴望。这都与咚咚所处的社会心理发展阶段相关。

现在问题来了，自控能力差，好奇心旺盛是咚咚这个年龄阶段的孩子的天性，在不扼杀孩子天性的同时，又要保证对孩子进行约束和教育，咚咚的妈妈到底是如何和儿子进行谈话的呢？

套用上面提到的皮亚杰的理论，咚咚今年10岁，正处于具体运算阶段。这时候他已经不像幼儿园那会儿完全以“自我为中心”，他开始能多方面地考虑问题，理解自己和他人的关系。

咚咚已经和妈妈拉钩约好了自己只在中午玩一小会儿的游戏，下午要自己一个人把作业写完。妈妈信任咚咚，也遵守了和儿子的约定，一整个下午都没去打扰他，但是最后咚咚却没能守住约定。

这个时候，妈妈发现了咚咚的错误，却没有立刻进行批评，反而克制住了自己的脾气，只是无声地表示失望。10岁的孩子已经能够理解他人对自己的态度，很快能够将妈妈的失望情绪和自己玩游戏这个行为联系起来，所以他很快向妈妈道了歉。

有了一个晚饭作为缓冲，母子双方情绪上都稳定下来，这时妈妈才和咚咚讨论玩游戏影响学习这件事。这里强调妈妈是通过讨论，而非单方面训导的方式和儿子对一个问题最后达成共识，这样更有助于咚咚自己认识到他的错误到底是什么，而不是大人简单地告诉孩子“你错了”，然后孩子屈服于家长的权威而不得不低头认错。

从这个例子可以看出，当孩子犯错时，父母针对孩子的心理特点施教，才能取得较好效果。

人的发展从来就不是割裂的一个个片段，而是一个连续变化的过程。家庭教育需要基于儿童青少年所处的心理发展阶段的规律来开展。美国著名的发展心理学家和精神分析学家埃里克森提出了人格的社会心理发展理论。他认为，发展变化贯穿着人们的整个生命历程，并将人生的发展历程分成八个不同的阶段（如下表）：

阶段	年龄范围	重要事件	描述	中心问题
基本信任 — 基本不信任	出生至 12—18个月	哺育	婴儿必须与照料者建立最初的爱和信任的关系，否则就会形成不信任感	我能相信他人吗？
自主 — 羞愧和疑虑	18个月—3岁	如厕训练	儿童的精力多用于发展运动技能，如走路、抓握、如厕等。若能控制自如，则发展顺利，否则会形成羞怯和疑虑	我能独自行动吗？
主动—内疚	3—6岁	独立	儿童变得更加自信和主动，但过分自信和主动可能会导致内疚感	我能成功地执行自己的计划吗？
勤奋—自卑	6—12岁	上学	儿童必须学会新的技能，以满足自身需要，否则会产生自卑感、失败感和不胜任感	与别人相比我是有能力的吗？
同一性 — 角色混乱	青春期 （12—20岁）	同伴关系	青少年必须在职业、性别角色等方面获得同一性	我到底是谁？
亲密—孤独	成人早期 （20—40岁）	恋爱	青年人必须建立亲密关系，否则会感到孤独	我为某种关系做好准备了吗？
繁殖—停滞	成人中期 （40—65岁）	抚养、教育后代	每个成年人都必须发现一些满足和支持下一代的方法	我留下我的痕迹了吗？
自我整合 — 绝望	成人晚期 （65岁以后）	反思和接纳自己的人生	完善感是一种自我接纳和自我实现的感受	我的生命最终是有意义的吗？

埃里克森认为，在每一个发展阶段，人们都将面临一个核心的发展任务，解决一种危机或冲突。尽管对于大多数人来说，没有一种危机可以被完全解决，而随着成长、未解决问题的堆积以及社会生活环境的变化，生活逐渐从单纯走向复杂，但人们仍然在尽力去化解自己在每一个阶段所遭遇的危机，以积累经验应对下一个发展阶段的要求。正如10岁的欣欣在紧张的时候会肚子疼，虽然这种情况一时半会也解决不了，但她会在妈妈的陪伴下提高自己的耐受

力，并坚持去面对那些让她紧张的事件，而不是选择逃避，躲在妈妈背后。

埃里克森的社会心理发展理论是心理动力学的理论。他认为，完成阶段性成长的核心任务，解决危机或冲突是人们成长的动力。当核心任务完成，危机或冲突得到恰当的解决，人们就会在这一阶段获得较为完整的同一性。

例如：咚咚3岁时在公园里成功地跨越了栅栏，爬上台阶的最上面一层时，父母对他的成功马上给予了热烈的夸奖。父母的陪伴和鼓励会让他认为自己是一个很棒、很勇敢的男孩子，获得了自信的感受。而这种自信的感觉会在他今后的生活中逐渐积累，让他能够在未来的生活中支持自己去迎接新的挑战。如果核心任务没有完成，危机或冲突未获得圆满的解决，则可能会出现个人同一性残缺、不连贯的状态。

再如：娜娜在上小学时，很少写学校老师布置的作业，爸爸认为小学生就应该好好玩，所以，女儿不想写的作业都是爸爸帮忙完成的。长大后，娜娜做事情依然是看心情，不喜欢做的事情也是甩给老爸或者同学做，大家都觉得她是一个比较任性、不大负责任的人。

这在很大程度上是因为在学龄期，父亲的溺爱阻止了娜娜勤奋感的获得，让她对自己的能力产生怀疑，长大后她也没有自信去克服困难迎接挑战，所以遇到难题就会“甩锅”。

在埃里克森的社会心理发展理论中，我们特别希望大家关注的是青春期这一个阶段。这是一个让父母们很纠结的阶段，大家给这个时期取了很多名字：迷茫期、反抗期、暴风雨期……但其实，大多数的人在这个阶段过得并不是很糟糕。

青少年在这个阶段，一方面要适应身体的快速发育带来的身体内部的张力，身体的变化使得他们对自己的身体发育和情感发展感到好奇；另一方面，渴望独立而又依赖于成年人的矛盾心理使他们感到不适，转而更关注同伴关系。青少年多会在这个时期尝试不同的角色，甚至做一些父母觉得出格的“荒唐”事情。

某个周末，娜娜的妈妈发现女儿一大早就打算偷偷溜出去和小伙伴一起去参加动漫展，娜娜戴着蓝色的假发和红色的美瞳，还穿着她从网上买来的水手服准备进行cosplay（动漫或游戏人物的角色扮演）。娜娜的妈妈对女儿这一身“奇装异服”十分看不顺眼。

随着青少年的日益成熟，他们强调自我，做一些看似草率、鲁莽的行为，这些是他们了解自己的性格、认知、情绪、价值观的方式，形成同一性，对他们在成年后的社会定位以及整个生命历程的发展起到重要作用。

对于陪伴青少年的父母、养育者和师长而言，我们所要面对的挑战是：既要监控青少年成长的过程，又不能过度干涉。

如果父母或养育者还像婴幼儿期和儿童期一样严格控制孩子，不允许他们独立面对挑战，承受挫折，孩子将会对自己的能力产生怀疑，从而产生自责、内疚的感受，他们会渐渐相信自己是没有足够的能力的，想做的事情总是“错”的，因而也会形成畏缩、犹豫、不自信和过度依赖等特点，更不敢承担自己人生的应负之责。

而如果父母或养育者对青少年过度放纵，孩子将会对自己的能力估计过高，产生自负的心态。由于他们认知水平和社会阅历有限，自控能力较差，所以难免会冲动，做出草率的决定、冲动的行为和荒唐的事情。

此外，对于自负的青少年，父母们也要让孩子在独立面对危机和冲突的过程中了解自己的有限性，接受不是每件想做的事都能付诸行动的现实，这样也能够有效地降低或避免对他人和自己失望的挫败情绪。我们来看两个例子：

正在上初中二年级的乔乔是个长相清秀的文艺少年，他的妈妈总是对儿子放心不下。无论儿子做什么事情，妈妈都要事无巨细地给出建议。只要乔乔一离开自己的视线，妈妈就会忍不住开始担心。

娜娜的爸爸从小就对女儿十分宠爱，哪怕女儿犯了错，只要娜娜一撒娇，爸爸很快就缴械投降。虽然娜娜的妈妈对女儿近日来的着装颇有微词，但是娜娜的爸爸总会私下偷偷给女儿塞零花钱，让她去买自己喜欢的漂亮小裙子。

结合之前的内容，我们不难看出，这两个例子展现了家长完全相反的两种态度。娜娜的爸爸对女儿是过度放纵，而乔乔的妈妈对儿子则是过度干涉。

通过皮亚杰认知发展理论和埃里克森的社会心理发展理论，我们了解了孩子在不同年龄阶段的成长需求、发展任务和面临的挑战。父母们不妨把对孩子成长的忧虑转化成期待，提供或者创造适当的环境，让内在的成长动机指引孩子们在完成阶段发展任务、迎接挑战、化解危机的过程中去磨砺，甚至是在安全的范围内去试错，从而获得相应的发展。

父母们了解了孩子可能面对的成长任务和冲突后，看孩子的视角就会不同，就会给予孩子更多的理解、鼓励和适宜的期待，这些都会协助孩子发展得更加平稳。之所以从“身、心、育”三个方面来解决一件小事儿，是因为我们希望这个难题的解决过程，不仅能帮助孩子渡过难关，更能让他获得客观看待事情的视角以及系统解决问题的能力，而避免因负面情绪下产生的极端评价以及对人对事的消极认知。

探究学习发展基本规律的实验

了解孩子身心发展的规律是为了更好地养育、教育他们，协助孩子更健康地成长，获得更好的发展。很多家长都非常关注孩子的学习发展。

乔乔马上就要上初三了，为了考上重点高中，妈妈给他请了一位一对一的数学老师。数学老师每周给乔乔布置一些有代表性的题，让他先做再讲。但是乔乔并不想做所有的题，这让妈妈和老师比较苦恼。

家有考生的家庭可能都会遇到类似的苦恼：

- 为什么孩子课上不听讲？
- 孩子不爱做作业怎么办？
- 我的孩子应该接受什么样的教育？
- 学习成绩提不上去，是孩子不认真，还是老师的模式不适合孩子？
- 该不该请家教？
- 要做多少题才算够？
- 怎样提高学习效率？

的确如此，当孩子进入学龄期，父母关注的重心就从身体的养育转移到学习能力的提升上来了。家长们心中碎碎念的问题都围绕着：

- 学习是什么？
- 怎样学才有效？
- 如何看待应试？
- 孩子厌学了怎么办？

……

我们可以通过两个心理学实验来了解是什么在影响着学习。

斯金纳箱

美国行为主义心理学派的代表人物斯金纳（B.F.Skinner，1938）曾在特制的实验箱内研究了白鼠的学习。实验箱内装有一个杠杆，杠杆与传递食物的机械装置相连。只要杠杆被压动，一颗食物就会滚进食盘。然后，白鼠被放进箱内自由活动，当它偶然踏上杠杆时，就有食物放出，于是它就吃到了食物。一旦它再偶然按压杠杆，食物又滚出。反复几次，白鼠就学会了主动按压杠杆来取得食物的条件反射。

斯金纳将这种条件反射命名为操作性条件反射。由操作性条件反射所构成的行为叫操作行为。操作行为的形成过程叫操作学习。在白鼠的学习实验里，食物是一种强化物，它总是伴随着白鼠按压杠杆的行为反应之后出现，并使白鼠按压杠杆的行为不断被增强。

操作性条件反射在许多动物和人类的学习中都得到过印证。例如，鸽子偶一抬高头，受到食物的强化刺激，此后会继续抬高它的头；婴儿偶尔模仿成人叫一声“妈”，妈妈便报以微笑、爱抚和赞叹，于是孩子就继续发出“妈、妈”的声音，多次强化刺激后，他们就学会了叫“妈妈”。斯金纳甚至依据这个原理，训练两只鸽子玩一种乒乓球游戏，获得成功。

在斯金纳的操作性条件反射实验里，我们发现强化对刺激反应的作用。那么，我们在指导孩子学习时是否也可以利用这个心理学原理呢？

普雷马克原理

1959年普雷马克也做了一个实验。他让孩子们从两种活动中选一种：玩弹球游戏机或吃糖。有的孩子选择了前者，一些孩子选择了后者。然后他规定选择玩弹球游戏机的孩子要先吃到一定量的糖，才可以玩一局游戏。而选择吃糖的孩子需要先玩弹球游戏机才能吃到相应的糖。这种要想B需要先做A的现象，被称作普雷马克原理。也就是说，用一个较喜爱的活动作为强化物，去强化一个不太喜欢的活动。

我们在育儿的过程中通常会用到这个原理，例如在训练孩子吃蔬菜的时候，我们通常会对孩子说：“先把菜吃完了，然后你就可以吃一块甜点。”所以，人们也把普雷马克原理叫作“奶奶的规则”。我们是不是也经常会对自己的孩子说：“嘿，大宝，你先做完了作业，才可以看一会儿电视哟！”

心理学家做这些实验是为了探索有哪些因素在影响着我们学习的过程和学习的效果，并找到那些对于人类普遍有效的方法。

下面我们通过一个例子来进一步理解如何遵循并善用这些规律有效地提高孩子的学习效率，帮助他们成为一个成功的学习者，也减轻父母做“督军”的苦恼。

咚咚下周要参加一场奥数比赛，在这之前，他只是断断续续地学习过一段时间的奥数。由于基础没有打好，每周上奥数课的时候老师讲的内容咚咚经常会听不懂，这导致咚咚一度情绪低落。面对试卷上最后空着不会写的好几道大题，咚咚忍不住开始发脾气，对妈妈抱怨奥数实在太难了。他在课上开始走神，渐渐地，作业也不爱做了。此外，咚咚对将要到来的奥数比赛十分抵触。妈妈对咚咚这种自暴自弃的做法很是头疼。

在多次批评没有效果之后，咚咚妈妈转换策略，和儿子商量这次奥数比赛不看重最后成绩，并且鼓励咚咚重在参与，多做各种尝试，以后上奥数课的时候多熟悉各种题型和见识新的数学知识。对于过去这段时间的学习，妈妈也将重点放在表扬他这段时间的坚持和进步上面。

得到了妈妈的夸奖和鼓励，咚咚放下了思想包袱，虽然一周后的考试仍旧没有取得好成绩，但是咚咚不再排斥数学，也和妈妈一起找到了适合自己的学习方式。这之后哪怕多写出了一个解题步骤，咚咚都感觉到了自己的进步，而不再像过去那样因为不能完整答题而沮丧。

在这个例子中，我们能看到妈妈的鼓励对于咚咚的转变至关重要。每当他前进一小步时，都能得到妈妈的肯定，也就是一个正向强化刺激，这让他越来越愿意进行数学学习。

此外，依照前文埃里克森的理论，咚咚处于“勤奋—自卑”的人格发展阶段，这一时期孩子如果经历了新技能的学习失败，很容易对自己的能力产生怀疑，从而形成自卑心理。所以，妈妈避免用失败来打击孩子，将谈话的重心尽量放在咚咚学习过程中的成功上，以此来巩固咚咚的自信心。

怎么办

身、心、育三分生态系统教育模型

“三分生态系统”教育提供了一个全新的视角，帮助成长中的孩子以及陪伴孩子长大的父母，提高这段共同成长的生命旅程的质量。身、心、育三分生态系统教育观从孩子发展的实际出发，遵循发展的规律，给予适宜的干预，协助孩子作为成长的主体获得发展的机遇，突破发展的瓶颈，健康、和谐发展。同时，也支持父母在陪伴孩子成长的过程完成自我的发展。

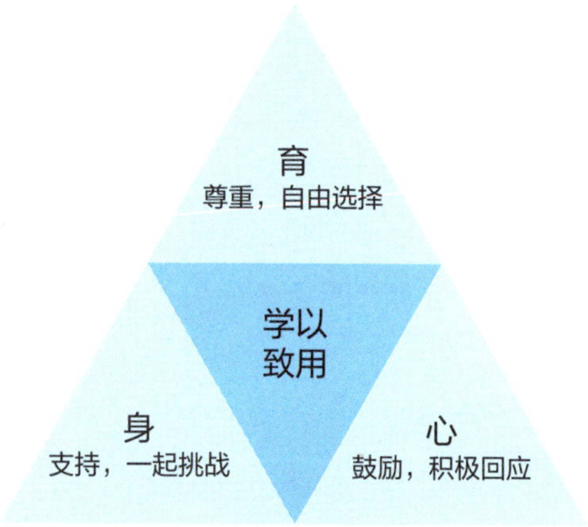

三分生态系统教育模型

因而，学以致用，将本章学习到的内容与养儿育女的生活实践接轨，才能真正帮助到孩子和我们自己。在不断的尝试和选择中，才能筛选出适合孩子和自己的方法。唯有不断地实践练习，我们才能从“知道”走到“真知道”，进而“真做到”。所以，从现在开始，请尝试从身、心、育三个方面去观察孩子和你们的家庭。

有助的行为

咚咚的爸爸工作繁忙，妈妈平时家务也比较多，很难监控儿子的学习过程。在家上网课期间，咚咚接触电脑时间较长，没有人监督，就总是玩游戏、看动画，写作业却很拖沓，总要人催促。爸爸工作很忙，在家也在工作，看孩子不学习就批评，批评无效就责骂，责骂无效就开打。妈妈不仅要管孩子，还要调节父子间的矛盾。

了解了咚咚一家当前面临的困境，这时，我们就要开始进入问问题的环节了：

- 咚咚是一个10岁的男孩子，他的身心是处于什么状态的？
- 玩游戏是咚咚的爱好还是他打发孤独无聊时光的手段？
- 这个年龄阶段的孩子需要哪些有效陪伴？
- 咚咚的父母如何做才能改善孩子的现状？

在这里，我们鼓励父母们采用“有助的行为”来协助孩子和自己改善现状。“有助的行为”是基于“三分生态系统”的模式，关注孩子身、心、育三个方面的现状，寻找资源，开展有效的训练或者改善亲子相处模式，协助孩子和父母走出成长困境的教养方式。

有助的行为——身

极少有孩子是主动让自己身陷困境的，他们之所以会遇到人生的难题，与他们所处年龄阶段的发展限制、经验不足、认知偏差等有关。父母应理解孩子的现状（包括所处的发展阶段、遭遇的困境），给予适当的支持。陪伴孩子在一段时间内寻找方法做调整，找到解决之道，远比用斥责、打骂以及与别人家的孩子对比等羞辱孩子的方式要更有效。当孩子遇到困境时，能够针对当下的客观现实给予孩子支持的有助的行为是：

（1）当孩子受挫时，给予他们理解和适当的支持（拥抱、倾听、开导……）；

（2）允许孩子出错（尤其当孩子正在尝试独立做事情/尝试有难度的事情时），给他们时间改错和改善行为。

有助的行为——心

在困难面前，对于孩子来说，父母是他们最可靠的盟友。而且父母对事物的看法、解决问题的方式会潜移默化地影响到孩子，因为孩子的学习无处不在。我们这里所说的“学习”是一个广义的概念，可以称之为“习得”。父母的所有观念、行为都会成为孩子“学习”的对象。因而，当孩子出“状况”的时候，父母应避免怨天尤人、嗔怪或置之不理等消极的反应模式。

父母能做的有助的行为是：

（1）了解孩子更多的现状，支持孩子寻找改善的资源；

（2）及时鼓励孩子做出合适的、积极的选择并付诸行动；

（3）培育孩子积极的人生信念。

有助的行为——育

尊重是家庭教育的基本原则。可是对于有些父母来说，这一点很难做到。因为大多数父母都会守住一份“过来人”的骄傲，以及保护孩子不受伤害的“责任”。父母对孩子的主动安排和保护，对于婴幼儿来说是有助的。然而随着孩子的长大，他们也在自己的生活中积累了对世界的认知经验以及学习、生活、交往的阅历，他们一天比一天更需要被看到、被重视、被尊重，这也是他们自信的源泉。

对此，父母有助的行为是：

（1）在家庭中充分地开展讨论，确保孩子有机会设定合理的目标并支持他们为之努力；

（2）给孩子展现独立性和责任感的机会，并让他们承担选择的后果；

（3）协助孩子获取能力，确保他们有体验成功的机会。

“三分生态系统”思维方式

读到这里，让我们尝试用“三分生态系统”思维方式，来思考孩子的发展阶段与特点。

从“身”的角度思考：

（1）我们的孩子现在正处在哪个阶段？他的大脑发育水平是怎样的？

（2）孩子哪些能力已经发育良好了？哪些能力还需要一些时间才能更好地“驾驭”？

从“心”的角度思考：

（1）孩子现在发展到皮亚杰认知发展理论中的哪个阶段？具有怎样的认知特点？

（2）孩子对应着埃里克森社会心理发展理论——人生八阶段论的哪个阶段？他当前需要面对的是怎样的发展任务？我们可以在哪些方面为他创造发展的条件？

从“育”的角度思考：

（1）我们的孩子所处的阶段，他当前的成长目标是什么？

（2）为了更好地帮助他成长，身为父母的我们，又可以做点什么？

真知道拼图

现在，我们来回顾本章的知识要点。请在对应的拼图里涂上相应的颜色：红色=非常好，黄色=基本掌握，蓝色=继续努力。

第一块，大脑是心理发展的物质基础，大脑发展的顺序和速度为心理的发展提供了可能性。

第二块，儿童认知发展、学习发展、终生发展的阶段性使家庭教育的精准定位成为可能。

第三块，“三分生态系统”教育模型依据个体在身、心、育三个方面的成长规律，提出用有助的行为来有效解决孩子成长中的难题。

第四块，有助的行为兼顾孩子当下的发展状态、心理水平，从协调亲子关系开始，提出具体的支持性的教育方法。

第五块，身心育三分着手点：理解，给予孩子适当的支持；容错，给予孩子时间改错；尊重，允许孩子选择，协助体验成功。

【读个故事停一停，然后请你评一评】

乔乔是一名性格有些内向的男生，他喜欢拉小提琴。上初一时，他得知学校有学生音乐社团，于是鼓足勇气通过同学打听到社团部长的微信，想了解社团的排练和招生情况，然后再考虑是否要加入社团。部长以为乔乔想入社，在微信里让乔乔把自己的演奏视频发给他。乔乔感到很突然，因为之前没做好准备，再加上对自己不够自信，所以不好意思发视频。几轮简短对话后，部长开始不耐烦，并打来电话斥责乔乔。乔乔努力向部长解释了自己不愿意发视频的原因，不料却遭到部长的不理解。他在电话里不愿与部长发生正面冲突，但是挂了电话之后却很沮丧。

乔乔因此产生了很强烈的挫败感，进而在之后很长一段时间内，经常将自己反锁在房间，偶尔还听到房间内传来悲伤抑郁的琴音。乔乔的妈妈对此很是担忧，常常愁到吃不下饭，而乔乔的父亲则觉得儿子为了一点小事太过矫情，孩子妈妈也是反应过度。

想一想如果你是乔乔的父母，你会怎么做呢？（请根据本章所学，写下你的分析。）

“T.E.S.”探索表

三分着手点	你会怎么做	有助的行为
身		
心		
育		

第二章

解读你独一无二的孩子

每一个孩子，生而不同。大脑的结构功能有差异，性格情绪有不同，每一个阶段的认知、心理发展也各有特点。从“身心育”三分的视角着手，理解你独特的孩子。

欣大侠的小故事

欣欣是婴儿肥一直持续到九岁的小姑娘。从小时候开始，她就是一个吃得好玩得也好的孩子，完美诠释了何为“心宽体胖”。与别的孩子不同，欣欣做许多事总是缓慢而悠然的。慢悠悠地画画，慢悠悠地写字，很多时候，欣欣带回家的练习册其实都是老师要求在学校课堂上完成的。

我一直都疑惑：当别的小朋友在课堂上写练习册的时候，欣欣在做什么?某天，我终于还是没忍住好奇心，于是就私下拜托班主任老师帮忙观察一下欣欣。后来老师告诉我，欣欣之所以没能在课堂上完成作业，是因为她的准备工作也是慢悠悠地进行的。当别的小朋友已经奋笔疾书时，欣欣还在不紧不慢地找笔、找本儿、找橡皮。

有时，我也会为女儿这种“万事不着急”的性子操心，但一件事让我对欣欣的“慢”有了新的认识。

前段时间因为疫情居家学习，学校的课程都是通过网课完成的。这期间，欣欣对于电脑的掌握更加熟练。有一天，欣欣告诉我：“妈妈，我们今天的计算机课学做PPT。爸爸没有时间教我，所以我就自己摸索着完成了创建、首页、名字的来历。我觉得我很成功。”说这话的时候，她脸上是掩饰不住的小得意。

我查看了她的作品，一个有首页、有图片、有文字、有结尾的四页幻灯片，并且中间还插入了不同类型的动画效果，对一个小学生来说，欣欣确实可以自得。然而，最让我惊讶的是，欣欣在PPT中每一个图片的下面都用小字注明了“图片来自网络”。

“你怎么会想到给图片进行备注的?”要知道就连很多成年人都没有这个意识。

“因为我看您和爷爷备课时都是在后注明出处的，您不是一直说要尊重知识产权吗！”欣欣说完，看了我一眼，眼神里像是在说：这不是理所当然的事吗?

这个小插曲，我事后反复想了好久，除了父母对孩子言传身教的重要性之外，我还意识到了一件事——或许正是欣欣的“慢”让她能够有更多耐心来留意平日里身边的每一件小事。她慢慢地观察，慢慢地思考，再将所知所想缓慢然而细致地融入她的小脑瓜里。

当我学会转换角度，我便对欣欣平日里的一些举动多了几分包容。我的女儿以适合她的步调出发，虽然行进缓慢，但从未止步。也正因为她慢，所以她得以有余裕细细观察路边的一花一木，更能从流云飞鸟中得到独属于她的体悟，又有谁能说，这种慢是一种错误呢?

故事汇

生活中，不管是有意还是无意，很多家长最爱做的事情之一就是拿自己的孩子与别人家的孩子比较。“你怎么不学学××家那××，怎么人家能考100分，而你不能？”“你又顶嘴，你看看隔壁邻居家的孩子多听人家妈妈的话！”诸如此类的话简直不要太多。对于许多孩子们来说，“别人家的孩子”这一名词更是一道深刻而又难以磨灭的童年阴影。殊不知，孩子并不是工厂流水线上下来的定制产品，每个孩子都有自己的天赋秉性，以及适合自己生长的节奏。就连一块地里长的萝卜都不一定大小长短完全一致，更何况孩子是一个个活生生的人。

孩子并不是平面生物，他们是动态的、多面的、无时无刻不在成长的惊喜和难题。就像欣欣“慢”的另一面是耐心细致，另一个

“快”到让老师家长发脾气的孩子可能也隐藏着果敢进取的一面呢！

王尔德的小说《道林格雷的画像》里有一句很经典的话：“好看的皮囊千篇一律，有趣的灵魂万里挑一。”这里的“灵魂”就像是心理的独特性，它是人和人之间最大的区别。而我们的孩子有哪些独特性呢？在本章，请你跟随我以“T.E.S.三分生态系统”的视角去解读你独一无二的孩子。

你真知道吗

在开始学习本章内容之前，让我们一起来靠近我们的孩子。请你快速用三句话来描述一下自己的孩子，如有多个子女，可以选择一个孩子来描述，也可以逐一描述每个孩子，但是不要反复思考，把你的第一感觉记录在下表中。

	我眼中的孩子
1	他/她是……
2	他/她是……
3	他/她是……

是什么

在写下表格里这些句子的时候，你有什么发现？如果可以的话，你可以把它当作一个游戏，邀请有孩子的朋友一起来做。对比一下，你又会有什么发现？

也许你会发现，你的孩子并非那么独特，他（她）有的能力，别的孩子也有；也许你会发现，你的孩子是那么的与众不同；也许你还会发现，你的孩子在很多地方与同龄的孩子相似，但他（她）也有自己鲜明的特点；当然，你或许也会因为不知道该如何描述自己的孩子而无法完成这三个句子。

所有这些感受都是真实的。为了帮助理解，下面我们来看两个例子：

某个周六的深夜，咚咚的妈妈起夜查看孩子情况时发现咚咚的房间有动静，此时已经快凌晨一点半了。妈妈推门，发现咚咚居然把门锁了。因为家里有规定，睡觉不能锁门，妈妈就觉得很奇怪。她到客厅去找儿子的手机，没有找到，这下妈妈立马就怀疑儿子又躲在房间里玩手机。她用备用钥匙打开门，果然发现咚咚正躲在被窝里玩游戏。询问过后妈妈才知这小子一开始竟然是装睡，等确定父母都睡着之后，才悄悄跑到客厅把手机“偷渡”到自己被窝里！

最近优优的妈妈很困扰，好几次她做完家务疲惫地躺在床上时，就看到优优突然跑进她的房间，这里摸摸，那里碰碰。妈妈问优优有什么事，优优又不说，过一会儿又会用搞怪的语气说：“Thank you, mummy”，“Sorry, mummy”，“Goodbye, mummy”，然后一溜烟地离开。这让妈妈既困惑又烦躁：为什么这孩子就不能让我安静地休息一会儿？

从这两个例子中，你能看出咚咚和优优有哪些相同之处，又有哪些不同之处吗？

他们似乎都有些调皮，做一些超出家长想象的“坏事”或是“恶作剧”。但实际上，这两个孩子捣蛋的方式和他们行为背后所反映出的性格是不同的。

咚咚：缺乏自制力，为了多摸一把手机，不惜和妈妈斗智斗勇地打游击玩潜伏。

优优：想要引起妈妈的注意，用搞怪的方式委婉地告诉妈妈，她最近开始学英语了。

将孩子一概而论是极为不明智的，即便是生养孩子的父母，依然难以精准地确定孩子的特点；即便是每天和孩子一起“摸爬滚打”的老师，也只能看到孩子在学校的表现，然后凭借经验来推断。而最了解孩子的，除了他们自己，就是那些愿意放下成见，放下身段，敞开怀抱拥抱孩子的一切，真诚走进孩子内心世界的父母。

除此之外，孩子们的看法也能为你打开一扇新的窗子。你想知道你的孩子又是怎样看待他们自己的吗？不妨也和孩子一起做这个游戏，让他们把对自己的认识填写在右边的格子里。对比一下，你也许会有新的发现。

	我眼中的孩子	孩子眼中的自己
1	他/她是……	我是……
2	他/她是……	我是……
3	他/她是……	我是……

为什么

优优的妈妈最近在考虑是否要给女儿报英语班。起因是她在上次参加家长会时，听到优优好朋友的妈妈向其他家长介绍女儿这次期中考试英语成绩从中流水平进步到全班第一的秘诀——从暑假开始，她就给女儿报了10个课外辅导班，每天行程都安排得满满当当，几乎堪比一线流量明星，有时其他小朋友找小姑娘玩，都被她以“没有档期”为由残忍拒绝。经过一年的“高压”磨炼，她女儿才得以取得今天的成绩。

这番话让优优妈妈很焦虑，一方面是因为现在优优已经在上奥数和书法两门课了，再多加一门英语，女儿能否适应得了？另一方面，妈妈又担心，如果别人报班，而优优不报，长此以往，女儿岂不是要差别人一大截？

相信类似的烦恼肯定不止优优的妈妈一个人会有。到底怎样的教育才是适合自己孩子的？面对自己的孩子在某方面落后其他小伙伴时，是快乐教育，兴趣导向，还是勤能补拙，笨鸟先飞？无数家长为此发愁到焦头烂额、夜不能寐的地步。

其实这个问题并没有一个固定的解答，每个孩子都是不同的，适合他的道路需要孩子和家长共同摸索。

先导篇中，我们提出了看待一个人的成长可以从身、心、育三个角度入手。在第一章“成长从心开始”这一部分，我们介绍了儿童青少年的身心发展规律。在本章中，我们将结合前面两个部分来带领你探索自己的孩子，看看他们到底是怎样一个独特的个体。

身——理解孩子的独特性

身体是人类生存的实际载体，是一个客观的存在。而每个人在成长过程中，又在这具身体上发展出很多独特性。比如有的人爱吃水果，有的人爱喝牛奶；有的高高大大，有的形容秀丽；有的人行动敏捷，有的人语言丰富；有的人内向爱思考，有的人外向爱交际；等等。

你的孩子又有哪些与众不同的地方呢？请你用三个词来形容自己孩子的生理特点。当你写下这些描述孩子生理特点的词语时，有没有发现，仅仅是生理部分，孩子们也是迥然不同的。

印度有一部电影，名字叫《地球上的星星》。电影里有一个片段描述了主人公伊桑在上课的时候走神看窗外，被老师发现。老师点他读课文，可是他看见课本上的文字跳来跳去，没法辨认，于是他就说那些字在跳舞。老师认为他在故意捣乱，就咒骂着把他赶出了教室。

在这里，我想问问你：

- 你觉得伊桑与别的小孩子有什么不一样？
- 如果你是伊桑的父母，会怎样看待孩子的课堂表现？
- 如果老师因为这件事情找到你，你会有什么情绪？为什么？

如果不去了解伊桑，几乎所有的老师可能都会被他这样的行为激怒，而父母也会被他“整”得发疯。让我们一起来看看历史上和伊桑相似的那些名人独特的童年吧。

爱因斯坦3岁还不会说话，7岁还不能清楚流利地讲话，9岁还不会阅读，他在传统教育下学习数学也有困难。后来爱因斯坦父母发现，他是视觉型的学习者，于是就让他上了特殊学校，这让他的潜能开始被激发。尽管如此，爱因斯坦的语文和写作成绩直到中学仍然不好，与人交谈也有困难。老师说他“生性孤僻、智力迟钝”。训导主任对他的父亲说：“你的儿子将一事无成。”

爱因斯坦的父母非但没有对儿子失去信心，反而在观察中发现爱因斯坦对大自然有浓厚的兴趣，喜欢思考问题，热爱动手做实验。所以他们认为，儿子有非常可贵的好奇心，并对爱因斯坦的聪明才智深信不疑。他们认为，玩具是引起孩子好奇心最理想的东西，就为爱因斯坦买了好多玩具，鼓励他去探索奥秘，尽力满足他的求知欲。有时候，父母看见爱因斯坦托着下巴认真地想问题，还会启发他:“阿尔伯特，你想过没有，雨为什么会从天上掉下来，月亮为什么不会从天上掉下来？”

正是在这样理解、支持的环境中长大，爱因斯坦才能在自己感兴趣的领域里不断地探索。他在26岁时，发表了著名论文《论动体的电动力学》，完整地提出了狭义相对论原理。他被称为20世纪最伟大的物理学家。

爱迪生小时候听力受损，他12岁了还不会阅读。因而，他只在正规学校待过3个月。由于数学和读写能力很差，不能集中注意力，又是一个“爱捣蛋”

的“问题儿童”，他被校长赶出了学校。爱迪生终生书写、拼字都有困难，但不妨碍他成为伟大的发明家。

还有给无数儿童带来美妙童话故事的安徒生、博学大师达·芬奇、政治家丘吉尔等名人都有严重的阅读障碍，然而他们都成就卓著。西方有句谚语，上帝在此处关上门，一定会在别处打开一扇窗。我们可以看到，每一个人都是独特的，我们身上的那些特点都是弥足珍贵的。

电影《地球上的星星》中的主人公伊桑真的看到字母在书上跳舞，因为他有阅读障碍，无法拼读那些字母。如果不去系统地了解这个孩子，老师永远不会理解他在课堂上的“荒唐”之举。幸好伊桑后来遇到了人生的贵人，同样有阅读障碍的美术老师尼克。尼克老师发现了伊桑的绘画天赋，并帮助他打开了人生中的另一扇窗。

请你想一想自己的孩子，也许你会看到他们有这样那样的“缺点”，换一个角度去看，那些又何尝不是他们区别于其他孩子的“特点”呢？生活中，你会像伊桑的语文老师那样武断地斥责孩子，还是会像爱因斯坦的父母那样去发现孩子的特点，去激发他的潜能，点亮他的人生呢？

要回答这些问题，我们必须了解孩子在身心方面的独特性，了解他们的与众不同，让我们从他们的大脑开始，“读懂”孩子。

身——个体脑功能的差异

优优今天历史课上又被老师点名表扬，咚咚羡慕地看着自己的同桌，那些年代、事件、人名……自己一个都记不住，感觉学起来就满脑子的糨糊。可是优优却能一字不差地背出来，连标点符号都没有错。咚咚很好奇，优优是不是有一个特别特别大的脑容量，才能记住那么多的东西。

世界上没有两片完全相同的叶子，也没有两个完全相同的脑子。咚咚和优优的大脑机能的确各有所长。个体的独特性首先是基于我们的生物性差异，在这里我们更多地关注的是脑发育的差异。这一点，从科学家对人脑功能的研究成果中已经被多次证明。爱因斯坦去世后，科学家对他的大脑进行了研究。

阅读障碍的大脑

看字母S的时候，更像看一条小蛇

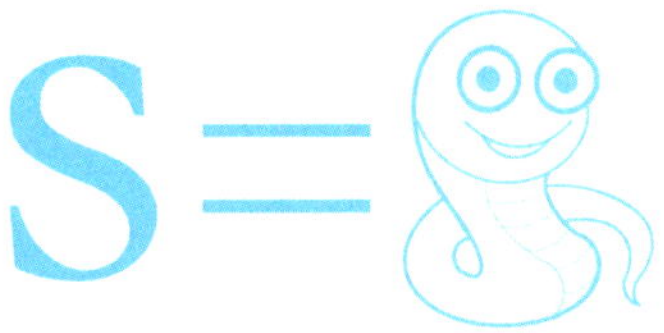

人们发现，爱因斯坦的大脑较之常人拥有更多的沟回，这个特征在前额叶表现得尤为显著。麻省理工学院脑和认知科学系的约翰·加布里埃利教授开展了用无创脑成像技术进行预测的研究，针对学习和认知表现做了深入研究。他在专业期刊《神经元》中发表的论文指出，这些研究在未来将有助于为每个人量身打造个性化教育，为预测个人未来行为趋势提供新的参考。

在生活中，有阅读障碍的孩子并不在少数，正如前面我们提到的《地球上的星星》的主人公伊桑、爱因斯坦、爱迪生等。他们会把字看反或者颠倒，会漏字或者跳行，字母在他们眼里是真的会跳舞。

有证据表明，有5%—17%的儿童会在刚上学的时候出现发育性阅读障碍的症状，这些孩子的外周器官都没有明显的缺陷，但是他们比其他儿童更难学会阅读。还有一些研究指出，利用神经学特征来预测某个孩子在8岁左右是否会出现发育性阅读障碍，准确率能达到81%。

虽然科学研究在为阅读障碍人士寻找解决之道，然而大多数有阅读障碍的孩子并没有被老师甚至父母所理解，他们被贴上“不爱学习”“捣乱”等标签，这为他们接受正规学校教育设置了障碍。因为他们是如此的与众不同。然而，成功的特殊教育案例证明，基于个体特征而实施的支持性的教育，如技能的发展、文化的熏陶、聪明的同伴、爱的包容与激励，都会对儿童青少年的发展产生积极影响。

与此类似，科学家还做了关于数学、语言、音乐等方面学习能力与脑区功能一一对应的研究。大脑右侧额下回越活跃，孩子的阅读能力就越强；右侧海马灰质越大的孩子数学学得越好。而且，这些特征有很强的家族性遗传。

因此，我们强调以身心育生态系统的视角去理解人的发展，就是回归人的发展的生理的、心理的、教育的基本规律，去全面、客观地审视人的发展，促进人的发展。如果我们忽略了大脑功能的独特性、差异性，就很难真正了解到自己独一无二的孩子。

当然，在生活中，父母们不必像科学家那样通过精密的仪器来探测孩子的大脑。大脑发育的状态会通过孩子的语言、行为、情绪等方面表现出来，我们可以像爱因斯坦的父母那样去仔细观察孩子日常的表现，来加深对他们的理解。

优优的妈妈把自己的烦恼（是否需要给优优报英语班）和其他妈妈讨论过之后发现：关于报班的焦虑原来是妈妈们都有的，然而孩子们却各有不同。有个妈妈说她也试过给儿子报辅导班，结果儿子成绩非但没提升，反而因为辅导班的作业多到做不完，孩子压力过大，导致其他科目成绩也有所下滑。优优妈妈这才意识到适合优优好朋友的方法不一定适合优优。

听了其他妈妈的分享，优优的妈妈一下子坦然了，决定不逼迫孩子，也不逼迫自己。和女儿说了这件事后，优优果然很高兴，主动和妈妈一起讨论有什么办法能够弥补不报班而带来的“损失”。最后，母女俩共同决定，优优以后每天读半小时的英文绘本，由妈妈录音，然后检查优优的口语水平。此外，也可以通过观看英文原声动画电影，对照英文字幕学习新单词，写观后感。

发现了新的学习方法后，优优学习起来更有动力，每晚和妈妈一起读书，用英语编小故事已经成了母女俩必不可少的亲子活动。

心——孩子的自我同一性

乔乔上初中后，最大的变化是不再跟着妈妈后面一口一声地喊“妈、妈……”他总是把自己关在小屋里，还在门上贴了一张纸条，上面写着：“有事请敲门，允许后方可入内！！！”他还会在饭桌上和爸爸就一些社会问题争论，有时还会吵起来。妈妈觉得乔乔越来越不听话了，很苦恼。

进入青春期的孩子会具有鲜明的自我意识。像乔乔一样，他们开始把“我是谁？我应该做什么样的人？”等人生哲学问题放到重要位置。在第一章埃里克森人生八段理论里，我们特别论述了青春期这个阶段。

在本章，我们再次走进这个对青少年人格和社会性发展来说最重要的阶段。埃里克森在此提出的各个阶段的年龄只是一个参考范围，父母们可以根据观察来确认孩子的发展进入了哪个阶段。而孩子达到不同发展阶段的年龄也是动态的，这与个体的遗传因素、社会环境因素都有关系。

青春期一般从10岁左右开始，19岁左右结束。这一阶段是从儿童到成年的过渡时期。青少年在这一时期将经历显著的身心变化和成长。而当代青少年因为营养的改善而发育提前，他们的身体快速发育达到性成熟。

相比父辈，他们会在更早的年龄为生育后代做好准备。也正是因为经济状况的改善，相比父辈，他们获得了更多的保护，而日益复杂的社会环境对他们的心理成熟和社会性发展的时间要求更长。这种身心发展的不平衡，让当代青少年发展的核心任务——自我同一性的发展时间提前，历程拉长。

对于青春期的青少年来说，自我同一性的发展是他们人格和社会性发展的核心任务。简单地说，**自我同一性的建构是指个体的动机、能力、信念和经历组成了一个一致的自我形象，它涉及人们深思熟虑地选择和决定，尤其是关于工作、价值观、意识形态、对他人的承诺及看法等方面。**

在青春期，个体会迎来身体发育的高峰，他们需要不断适应自己快速生长的身体，他们会更加主动地关注自己的身体变化，不断地审视自己，感觉自己正在长大成人，会在与同龄人对比中来认识自己。

与此同时，身体的变化也会引起心理的变化，由于荷尔蒙的激增，青少年的情绪会很不稳定，容易冲动。而身体的迅速成长也让人们以更加成人的方式来对待他们。可是，很多青少年对成长还没有做好准备，他们面临新的社会要求和社会冲突时会感到困扰和角色混乱。

在青春期，青少年会从更广阔的视角来看待自己，他们会去整合自己的角色，也会考虑并去尝试多种信念、价值观和行为，哪一种能给予他们最大的满足感，就会做出相应的决定和承诺。

就是说，他们会寻找自己真正想要的，会去尝试“成为自己想要的样子”，这就是自我同一性获得的过程。当然，青少年的自我同一性不会随着年龄到了就自动获得，它需要经历探索的过程，这个过程会出现四种不同的类型（见下图）：

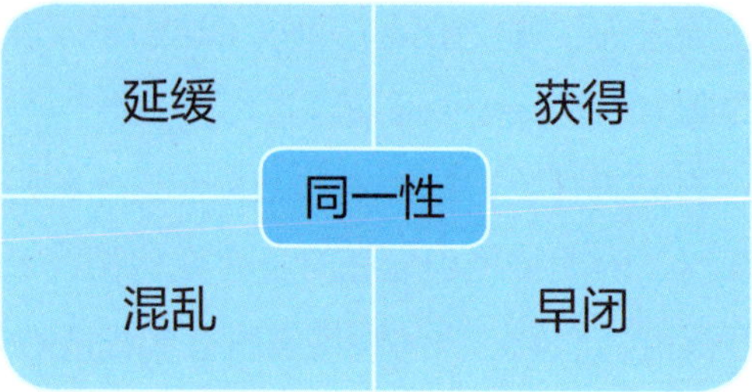

第一种是同一性获得。青少年在现实生活中不断探索后做出选择，随后为自己的选择而努力。看起来，这是最理想不过的类型了。但事实上，在18岁成人之前，只有很少人达到这种理想状态。甚至上了大学，也需要进一步学习、实践、总结才能做出决定和承诺，最后整合。

乔乔从小就打算成为一名优秀的小提琴演奏家，多年来他一直为了这个目标努力。从7岁起，他每天雷打不动地练习3个小时小提琴，前不久他刚通过了小提琴专业6级考试。（理想的发展状态）

第二种是同一性延缓。这是现代很多青少年的状态，他们在纠结中难以选择。因为他们的成长中，有些信念、价值观还没有形成，做决定和承诺当然很难，他们需要更长时间的准备。这是正常状态。

娜娜对自己未来想要做什么还没有明确的想法，她现在什么都想试一试。她觉得反正时间还长，总能知道自己真正想要的是什么，现在只要开心就好。

第三种是同一性早闭。这是指青少年没有经过探索就做出承诺。他们可能因为各种原因，没有机会体验自行探索，逐渐发展成只听从别人安排好学习、生活内容甚至人生发展目标，而放弃自我探索。有意思的是，这种类型的青少年并不只是一味顺从，反而容易变得偏执、武断和更加自我防御。

乔乔虽然多年来一直都坚持拉小提琴，也取得了不错的成绩，但其实这些都是乔乔妈妈要求他做的。妈妈一直希望他继承自己的梦想，成为一名优秀的演奏家。说实话，其实乔乔也不知道自己到底喜不喜欢小提琴，但显而易见的是，小提琴已经成为他人生规划中十分重要的一部分。（可能出现的现实发展）

第四种是同一性混乱。当青少年既不做被动的选择也不去主动探索时，就会发生同一性混乱。他们对自己的未来完全没有目标，不了解也不想了解自己是谁。极端情况的青少年一方面表现出冷漠、回避，另一方面会更加叛逆。

妈妈问娜娜想去哪个高中，娜娜表示无所谓。她对未来毫无兴趣，也毫无期待，她不知道自己到底想去哪儿，时常觉得什么都不想做，有时又觉得做什么都一样。

在我和青春期的孩子交谈时，经常会听到他们说自己很迷茫。这就是自我同一性没有建构好而带来的角色混乱的威胁感。而青少年对于人生的探索，对外在世界的探索是他们成长的必由之路。

如果父母面对青春期的青少年依然一味要求他们“听话”，限制他们去探索、去思考、去选择，或者对他们不管不问，放任其“自由”生长，都将会严重干扰孩子自我同一性的建设与发展，对他们的未来产生消极影响。因此，青少年在青春期进行自我同一性的探索，是他们要面对的成长的“核心冲突”。为此，他们需要不断地调整。

我们来看一个真实的案例。

在美国，9岁的女孩米拉，于2016年成功挑战了美国海军24小时魔鬼训练，是年纪最小的挑战者。她还作为最小的参赛者完成了大人参加的“24小时蛙人极限挑战赛”。

她参加这些挑战的目的，是希望通过自身经验和挑战行动来唤起人们对校园霸凌的重视，并且鼓励同龄人多运动，热爱自己的身体。原来米拉在二年级时被同学欺负，但是当她开始参加拳击课程时，其他孩子的嘲笑就不再敢打扰她了。

她的父亲在接受媒体采访时说：“欺凌在她的生活中非常真实。当她开始相信自己，当她变得更有能力时，欺凌就结束了。她的内心变得如此强大，以至于她不再受学校里任何一个孩子的影响。”

一个曾经备受欺负的小女孩，在意识到现状后，开始建立自己的人生目标，那就是能够自我保护，同时帮助更多的同龄人摆脱校园暴力。有了这一目标后，她制订了自己的健身计划，并凭借强大的意志力努力直至实现。这就是非常典型的自我同一性获得激发出来的内在动力。

这个案例可以印证我之前讲过的“同一性”并不仅仅局限在12岁以后，在特殊情况下，甚至9岁的孩子就已经开始了。

这里我们需要强调一点：**自我同一性的形成和发展是随着时间延展而发展的**。

问题：请问案例中的米拉符合同一性分类中的哪一种？

心——大五人格

我们的孩子生而不同，后天养育的环境、教养的方式也迥异，这种差异性会让每个孩子的人格在成长中朝着更加个性化的方向发展。这也让父母对孩子的了解更加困难，正像世界上没有两片一模一样的树叶那样，世界上也没有完全相同的孩子。即使是双胞胎或多胞胎的兄弟姐妹，也具有独立的人格，独特的个性。

当然，心理学家们多年的研究，仍为父母们提供了生活观察以外的工具，比如心理测验，以便更好地了解孩子。

关于人格特点的心理测验也有很多，在此我向大家推荐人格研究学者科斯塔和麦克雷根据对16PF的因素分析和自己的理论构想编制的测验五因素的NEO—P1人格量表。这个量表测验的因素包括：神经质（N）、外倾性（E）、经验开放性（O）、宜人性（A）和认真性（C）。

第一个，神经质（又名情绪性）（N），得分高的人通常有不现实的想法、过多的要求和冲动，更容易体验到愤怒、焦虑、抑郁等消极的情绪。他们对外界的刺激反应比一般人强烈，对情绪的调节、应对能力比较差。

比如，贝多芬经常被喝得大醉的父亲拽到钢琴前苦练许多小时，每当弹错的时候都会被打耳光。就这样，贝多芬在父亲严厉苛刻的教育下度过了童年，造就了他倔强、敏感激动的性格。

得分低的人对于强烈的感情，并没有什么反应。即使是在多数人都感到压力的情形下，也不容易惊慌失措。比如徐志摩，他非常沉着冷静，情感不外露。

第二个，外倾性（E），得分高者，比如孙悟空，具有热情、社交、果断、冒险、乐观的个性。

而低分者则对应林黛玉。性格内向，喜欢独处，社交范围一般局限于少部分亲密的朋友。

第三个，经验开放性（又名进取性）（O），是指有决心，能坚持己见，有独立性。得分高的人比如乔布斯，在工作上表现为毫不妥协的完美主义，力求要将苹果的每一个产品做到极致。这种完美主义是绝对的，毫不妥协的，不管有多少人赞成，只要乔布斯不满意，就无法通过。

第四个，宜人性（A），得分高的代表性人物有奥黛丽·赫本。大家都知道她银幕上的形象。而现实中她对弱势群体的关怀，也让很多人佩服。她曾兼任联合国儿童基金会的亲善大使。这类人具有同情心，善于合作，对他人的需要、健康和快乐具有强烈的兴趣。

第五个，认真性（C），得分高者表现出目标明确，工作刻苦，能够下决心坚持到底，值得信赖，唐僧就具有高分的特点。

得分低的表现出喜欢生活在当前的感受中，并且从事现在感觉良好的事情。在从事工作时往往疏忽大意和缺乏组织性。

看完这五种，大家觉得哪种好，哪种不好？相信大家可以感受到，人格特点并没有对错好坏之分。每个个体的个性可以得到更适合它的发展、引导，就可以在他的领域里走出一番天地。

看到这里，我们回忆一下之前曾多次出现的四个小朋友：咚咚，优优，乔乔，娜娜，你能不能依据大五人格的内容，对他们初步做一下分类和打分？

谈及孩子的差异性，我不由联想到我做咨询的时候遇到的一位母亲。

那位母亲来找我时显得十分烦恼。她的儿子当时正好上初中二年级，开学后学校开了一门新的课程——物理。在此之前，孩子从来没有接触过这门课，导致开课后一时不能很好适应，之后遇到了难题，男孩更是有了明显的畏难情绪。成绩久久得不到提升，孩子也渐渐处于一种破罐破摔的状态。每次妈妈教育他的时候孩子又总是不耐烦，这种懈怠敷衍的态度让这位妈妈非常生气，几次带着火药气味的谈话下来，母子关系迅速到达冰点。

这位母亲找到我，很明显是恨不得我当场就给她开一剂立竿见影的猛药，再不济，能带走个把锦囊妙策回家“收拾”儿子也是好的，然而我当时并没有马上给她开药，更掏不出锦囊给她，相反我和她讲了一个看似和她的事情不太相关的小故事：

有三个家庭相约一起带着孩子去郊外骑车，三个孩子各自骑着自己心爱的自行车，共同来到了一个很陡的上坡面前。

小孩子力气不足，试了几次，三人都无法独自骑着车爬到坡顶，于是小朋友们就停了下来，一起商量要怎么办才能顺利爬坡。

一号小朋友说：“骑不动的话，我就下车自己把车推上去。”

二号小朋友想了想，摇摇头：“自己推太累，我可以一会儿骑车的时候叫爸爸在后面推我一把。"

轮到三号小朋友，他提出："我想起来之前好像有人说过，上坡的时候骑S形能够省力气，我一会儿可以试一试。"

三个小朋友虽然方法不同，用时也不同，但最后他们都顺利到达了坡顶。

其实孩子们学习的每一个阶段都是一个爬坡的过程，有时陡峭，有时平缓。遇到陡坡停滞不前的时候，不同的孩子会有不同的解决方案。方案不一定有优劣之分，但是不同方案却反映了使用者性格和喜好的不同。

自己下车一个人把车推到坡顶的人，他们独立，努力，并且善于坚持；请别人在背后推一把的人，他们聪明，灵活，善于利用身边的资源；而想办法骑S形路线上坡的人，他们善于思考，面对困难懂得运用各项知识来克服。

三类孩子各有各的特点，作为家长，我们要做的是观察自己的孩子会采取哪种方法，在孩子需要的时候助他一臂之力，而不是在孩子下车推车的时候说"别下来，我推着你"；看他骑S形时，说"搞这么些花里胡哨的，多浪费时间"；又或是在孩子请你帮助的时候说"你干吗不自己解决"。

此外，还有一件事值得强调：孩子在骑车出发前就应该明白他们将要面对的不是一路坦途。前方有上坡，有下坡，有大路，也有坎坷的小路。各种路况问题都会遇到，孩子一开始就应该明确这一点，这是一个大前提。如若不然，当孩子遇到一个急转弯、一个水沟，或是任何一种没有经验的新难题，他都有可能会出现应激性回避反应。

分析完这个故事之后，我问那位母亲："您知道您的孩子是用哪种方法上坡的吗？在上路之前，您有让孩子提前知道前方的路况信息吗？"面对那位母亲疑惑又茫然的双眼，我知道她之前从没有想过这些问题。

那么，正在阅读本书的读者朋友，你呢？这些问题，你心里现在已经有答案了吗？

育——ABC理论

我们理解孩子的目的，是为了更好地陪伴孩子，但往往事与愿违，大多数父母总是很难控制情绪，所以我们给出的第一个实用技能是ABC理论，可以帮助大家在情绪失控的时候起到暂停和思考作用。

这是由美国心理学家埃利斯创建的理论。

A（事件）——Activating event

B（看法）——Belief

C（情绪）——Consequence

他认为激发事件A只是引发情绪和行为后果C的间接原因，而引起C的直接原因是个体对激发事件A的认知和评价而产生的信念B。

比如天下雨了，如果一个人喜欢下雨，看见下雨，心情会怎样？开心，对吧？而同样是下雨了，如果另一个人不喜欢下雨，他的心情会怎么样？可能会郁闷吧？也就是说，天下雨是一个客观事实，也就是A。

人们经常会忽略B，也就是中间的加工过程，认为因为下雨，所以开心或者不开心。其实这个情绪只是一个结果，它跟事件A没有直接的关系，而是受B的影响，就是人对A所抱有的信念。

有一年夏天，我带着夏令营里的孩子们一起去英国。从下飞机天气就一直阴沉，去康河泛舟的时候下雨，去曼彻斯特大学的时候还在下雨，等到大家去参观《傲慢与偏见》的拍摄地查茨沃兹庄园的时候，雨依旧还是下个不停。有来自北方的孩子不太适应这种阴雨绵绵，十天半个月看不见太阳的天气，他们当中的一些就会很不高兴地说：“总是下雨，路上都是湿的。”而我则是另一种感受，在看《傲慢与偏见》时，我注意到里面有很多下雨的场景，现在碰到下雨反而有很强的代入感。于是当我带着孩子们在花园中拍照时，我会开心地对他们说：“你看，我们在这么美丽的庄园里雨中漫步，多浪漫啊！”

所以，大家可以理解，我们情绪积极还是消极，并不是因为信息本身，而是由我们对信息加工的信念也就是认知引发的。类似的说法，在古希腊时就出现了，古希腊哲学家爱彼克泰德曾说过：“人们之所以烦恼，并不是因为事物本身，而是因为他们对事物的看法。”

下面我们来做个练习：

娜娜的妈妈最近非常疲惫。

月底了，不出意外，老板又要求大家加班对账。公司里刚来的小会计笨手笨脚，光今天一天就让她查出来好几笔错账，连累她要忙到比昨天还晚才能完工。妈妈打电话给娜娜爸爸，让他早点回家监督女儿写作业，一开始丈夫答应得好好的，但没过多久就打电话过来和妈妈说今天有应酬，回不了家。

好不容易结束了一天的工作，妈妈到家时已经快晚上十点了。可谁知当她打开门，就看到应该在房间写作业的娜娜正瘫在客厅的沙发上，一边咔嚓咔嚓嚼着薯片，一边悠哉游哉地看电视。地上扔着外卖的包装，薯片的碎渣掉在沙发上，电视里女主角矫情肉麻的声音吵得妈妈头疼欲裂。

似乎就在一瞬间，妈妈脑子里某根名为“理智”的弦就这么断了，她对着娜娜大发雷霆，被愤怒冲昏头脑的情况下，口不择言地对着女儿说了很多难听的话。等到她回过神来，娜娜已经当着她的面摔上房门，并且把妈妈的手机号和微信都拉黑了。

独自一人面对一片狼藉的客厅，娜娜的妈妈只觉得浑身无力。

好，现在让我们一起运用ABC理论来对娜娜和妈妈之间的这场冲突进行分析。

首先在这个事件中，激发事件A是妈妈下班回家后看到娜娜没有写作业，而且是晚上10点了都还在看电视，然后行为后果C则显而易见，火冒三丈，母女之间爆发激烈的争吵，然后不欢而散。但是很显然，这场家庭战争的真正导火索在于B，也就是娜娜妈妈在自身情绪以及对女儿固有评价的影响下，对这件事形成的信念——她单方面对娜娜下了不好好学习、贪玩、不努力、不上进等诸多负面判词。这一切都是那么让人生气，可是娜娜妈妈的判断真的是客观公正的吗？

经历了疲惫的一天后，娜娜的妈妈一进门就发火，然而对娜娜来说，妈妈问都没问她一句就开始骂人更是不可理喻。没准娜娜是在做完作业后才出来看电视放松的呢？又没准地上的外卖盒娜娜不是随手一扔，而是打算吃完薯片后，连同薯片包装一起处理，只是这会儿还没来得及呢？

这里我们可以看出，当父母自身处于一个糟糕的状态下，忽略对孩子的观察，用我们自身原有的知识结构轻易对孩子的行为下结论是一种对孩子非常不公平的行为。相反，如果我们用前面学到的脑科学知识去理解他，用大五人格特点去重读他，用是“问题”还是“难题”认真思考他，那我们的情绪又会怎样呢？

所以，当你遇到和娜娜妈妈类似的情况时，试着别那么快就下决定，先问问自己，孩子做这些事到底是因为什么，自己现在的想法有没有被当前所处的情绪所影响。试着重释ABC理论中的B，尝试用新的角度去看待问题，这样做也许你会有一些新的进展。

怎么办

咚咚最近的作文总是不能按时完成，妈妈为此急得直掉头发。

这天晚上九点半，妈妈终于处理完手头上的工作，来到咚咚房间，看到咚咚正咬着笔头发呆，而作文进度还和两个小时前一样，白纸一张。这时咚咚的老师发微信给妈妈，又一次提到咚咚未能按时完成作业，希望家长予以监督。老师这边的对话还没结束，正在出差的爸爸又像查岗一样打电话过来，询问咚咚最近的学习情况。妈妈低头看咚咚，这么半天还没琢磨出来作文该怎么写的咚咚，无辜地冲妈妈眨着一双纯真却充满迷茫的大眼睛。一时间，妈妈只觉得自己的偏头疼似乎又加重了。

你可以采取有助的行为

面对上面的问题，我们有哪些有助的行为能够帮助咚咚的妈妈解决她的“偏头疼”呢?

此处有助的行为是指**身体力行**（参与）。

参加孩子的活动。

参与是指身体力行，就像大家都希望别人能够对自己感同身受，但没有身受的人却很难感同。所以我们参与到孩子的活动中，是和孩子有效沟通的非常好的行为。另外一方面，参与不是指导，父母不是高高在上的指挥官，也不是漠不关心的旁观者，而是平等的伙伴。

共同参与活动或游戏。

一起玩个游戏，为了同一个目标一起努力，不管游戏成功还是失败，都是构建亲子关系的好方法。

非家庭环境的交流。

与其纠结眼前这道过不去的坎，不如先换个环境，全家人一起去公园踏青，一起来场自驾游，在一个全新的环境中，以放松的心情，离开书房和教室再谈学习，这样说不定父母和孩子都会更心平气和一些。家庭教育的氛围要远比父母揪着孩子的耳朵数落他具体哪道题做错了更重要。

采用“三分生态系统”思维方式

请大家从身、心、育三个维度，想想自己的孩子有哪些特点、优点、不足，哪些是客观存在的，哪些是你心里的感受？哪些需要去培养？接纳孩子的独特性，训练自己不要从一个孤立的行为判断孩子马虎、畏难、不细心、眼高手低，我们就不会焦虑、着急、不知所措了。

身：想想孩子正处于什么发展阶段，他的大脑更擅长应对哪个方面的问题。（例：文科，理科，艺术，体育，手工，等等）

心：理解自己的孩子，分析他的性格，选择适合孩子的方式和他交流。

育：善用“ABC理论”，遇事先给自己几分钟，试着改写自己的想法B，以客观平和的心态面对生活中遇到的难题。

让我们回到上面的例子：

咚咚的妈妈开始思考儿子不能按时完成作文，是不是因为现在他的逻辑思维能力还跟不上平时在电话里和他讲故事的爸爸。把一天的事情总结改编成几百字的小作文，在成年人看来是很好说清楚的一件事情，也许对咚咚来说实在有些困难。

此外，自己的儿子平时脾气有点大，一味批评有可能激起他的逆反情绪，想要让他合作，还得“顺毛撸”。

于是，妈妈整理好心情，没有让自己的情绪影响和儿子的对话。然后，妈妈当着咚咚的面给爸爸打电话，好好夸奖了一下今天咚咚做得好的地方，父子俩听到妈妈这番话都很开心。妈妈又把电话直接交给咚咚，让咚咚把他遇到的难题告诉爸爸，爸爸听后主动在电话里辅导起作文，而妈妈则在一边给父子俩打气。没多会儿，咚咚听了爸爸的话来了灵感，开始说他想到的故事，妈妈在一边夸奖儿子故事编得有意思。咚咚果然来了兴趣，很快就将几百字的作文完成了。为此，妈妈对着电话赞叹：还是爸爸厉害，指导有方！这话说得爸爸也十分高兴。第一次，妈妈发现辅导作文原来也可以这么顺利！

真知道拼图

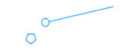

现在，我们来回顾本章的知识要点。请在对应的拼图里涂上相应的颜色：红色=非常好，黄色=基本掌握，蓝色=继续努力。

第一块，大脑功能的差异影响孩子学习知识的进度和方式。

第二块，自我同一性的探索与获得是孩子青春期最重要的任务之一。

第三块，大五人格提供一个新的着眼点，帮助家长从另一个方向进一步了解自己的孩子。

第四块，ABC理论帮助父母在情绪失控时能够及时踩下刹车。

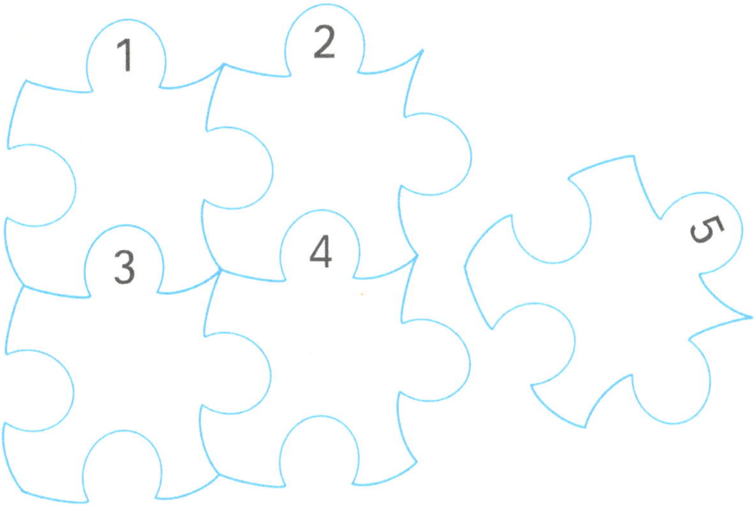

【读个故事停一停，然后请你评一评】

期末考试的成绩有一部分出来了，在已经出分的三个科目中，优优化学上了90分，英语上了80分，物理则上了70分。优优觉得自己这次考试有进步，于是迫不及待地拿着成绩单去找妈妈。没想到妈妈看到成绩单后的第一反应却是：“你物理是怎么考的，居然连80分都没考到？”优优听到妈妈的话很伤心，反问："那你怎么看不到我化学上了90呢？"

如果你是优优的妈妈，听到女儿的这句话，你会怎么回答？（请根据本章所学，写下你的分析。）

"T.E.S."探索表

三分着手点	你会怎么做?	有助的行为
身		
心		
育		

第三章

激发孩子的学习积极性

孩子主动学习，是每一个父母希望的理想状态。决定孩子学习主动性的成就动机，并不是每个人都一样，了解自己的孩子是哪种成就动机类型，运用榜样的力量、远序四步法等的方法，激发孩子的学习积极性。

欣大侠的小故事

欣欣是一个在学习上很有主意的孩子。刚上小学不久就和我交流过她的“欣式学习大法”：“首先，我要给自己制定一个适合自己的阶段性目标，为什么要阶段呢？因为不可能你说要成为班里写字最好的，一秒钟就做到了，都需要有过程。所以我要先在我的范围内找到一个可以做到的点，然后往那个点发展，并不停地给自己鼓励。

“第二点就是要给自己奖励，得到奖励以后我就会想：只要做好了就会得到奖励，我为什么不去做呢？当这种行为变成习惯时，我会去思考我学习是为什么。所以即使得不到奖励，也还会去做。

“第三点是设法从学习里找到快乐。我习惯把每一件事儿作为一个单位，以前是以前，未来是未来，但是现在做的每一件事儿都是最重要的一件事儿。每次完成一件事儿，我就会觉得：‘这次又成功了，我可真厉害！’对，这就是一种成就感！这种想法一直激励着我，每当我累的时候我就想：‘我已经经历过多少困难了，多少风雨都过去了，这点小事儿还怕什么。’这么一想，劲头就又有了。

“最后也是最重要的一点，这一点你要是做不到，再多的方法也没用，这就是坚持！”

当我第一次听到这些的时候，足足愣了有好几秒。在此之前，我从来没有想过女儿这么小就已经可以开始总结适合自己的学习方法了，而且她的这些经验很多地方竟然与一些教育理论有异曲同工之处。还真是验证了那句话——实践出真知！

欣欣在学习方面给我的惊讶不仅于此。

有一次她参加一个英语夏令营，上课时和同桌的一个美国小姑娘成了好朋友。那时候欣欣的英语只是初学者水平，而那个美国小女孩更是一个中国字都不会说，然而只要一到自由活动的时间，这两个小姑娘总是能聚到一起手舞足蹈聊得火热。事后，我曾好奇地问过她："你们两个都聊些什么啊？你们说的话彼此都能听懂吗？"

"就说些美术、电影动画之类的事呗，至于能不能听懂，"欣欣耸耸肩，"我们俩连说带比画，怎么着也能听懂个七八成吧。况且，每天晚上我都会把白天想说却不会说的单词查出来，这样就算前一天没说明白，第二天也能接着说啊！"

这一整个夏天过去，欣欣的口语水平和单词量大幅度提升，不过她并不认为自己有多刻苦地学习过英语。相反，英语只是她交流的工具，背单词也不过是为了让她在聊天的时候能更顺畅一些罢了。夏令营结束后，欣欣依旧在每天查新单词，但是她的注意力全放在接下来要如何通过网络和新认识的小伙伴推荐她正在追的动画片上了。

故事汇

学习，永远是每个有孩子的家庭都难以回避的话题。每每提起这两个字，许多家长都曾头大地抱怨：辅导班报了不知多少个，参考书也不知买了多少本，就连各种和学习相关的电子产品都统统没有放过，可我家孩子就是不爱学习，这该怎么办？面对上学如上刑场，每次参加课外班都恨不得高歌一曲《铁窗泪》的"厌学"孩子，家长在苦恼的同时又不禁疑惑：我把什么都给你准备好了，你怎么还不乐意呢？

其实，答案早就已经藏在问题中，只是大多数人没有发现而已。孩子不"爱"学习，追根究底，原因一直都和辅导班的数量、教辅工具的多寡没有太大关系，孩子的“爱”其实才是最重要的。

欣欣想要和好朋友更好地交流，所以不用别人催促，她自己就会想办法去查单词；而换成另外一个没有这种需求又对英语不感兴趣的小朋友，扔给他一本英语词典让他背诵，这个举动不亚于遭受酷刑。

“欣式学习大法”的诞生让我明白了一件事，那就是不要代替孩子成长。给孩子充分的时间与空间，让这棵幼苗在自由的土壤上尽情伸展枝丫，感受阳光雨露，用自身的力量去体验成长的过程。之后，你就会惊奇地发现他们会在某个瞬间绽放出属于自己的那朵独特的花。

让孩子去寻找适合自己的方式，这样他们就会更乐于思考和应用这个自己感到有用的方式来进行学习和成长。这远比塑造一个“听话”的孩子要更有价值。学会尊重孩子自己的方式和节奏，父母通过鼓励和认可来进行支援，这样才能最大限度地激发孩子对于学习的兴趣。

兴趣是最好的老师，一个人如果发自内心地想要完成一件事，人的主观能动性往往能发挥出惊人的能量，相反，如果强迫一个人去完成他不感兴趣的任务，结果多半难以圆满。成年人如此，孩子们更是如此，他们的思想不成熟，往往缺乏忍耐与克制。无视他们的情绪，牛不喝水强按头式的教育就算最后能够达到目的，整个过程也一定伴随着硝烟与炮火，争吵与哭闹。在双方咬紧牙关拼死角力，直至一方精疲力竭而宣判抗争终结后，多年后回忆起来的也只有艰辛而困苦的过往。

这显然是大家都不愿意见到的局面，为了避免形成这种对立，本章我们将一起探讨如何激发孩子学习积极性这一主题。

你真知道吗

有关“学习”而引发的亲子冲突，在每个家庭中都常常出现，“不写作业母慈子孝，一写作业鸡飞狗跳”的场面更是屡见不鲜。父母之所以愤怒，不仅仅是因为孩子成绩不好、做作业磨蹭、逮着机会就想玩游戏，更是因为有“觉得孩子没有学习积极性”的认知。那么关于孩子的学习积极性，到底受什么影响呢？

序号	孩子的学习	我觉得
1	孩子喜欢一个科目，不喜欢另一个？	
2	孩子写作业总是那么磨蹭？	
3	孩子写作业时，一会儿要喝水，一会儿想上厕所？	
4	孩子回家总想先玩再写作业？	
5	作业题目明明会做，还能做错？	

是什么

关于到底有哪些因素影响学习积极性这个问题，相信每个人心里都有不同的答案。这些答案有些是大家学习过的知识，有些是自己的经验，有些是曾经的思考。而这些就是你过去关于这个问题的知识系统，它们都非常重要，也决定了你对新知识的吸收程度。所以，请你先做两个小活动，调动自己原有的知识系统来理解积极性。

第一个活动：假设此刻，你正在参加一个面试。面试官递给你一沓儿纸和一把尺子，并且问你一张纸的精确厚度是多少，你会怎么回答？

你会发现，只要给点时间，大家都可以找到方法。

第二个活动：假如你此刻正在和朋友闲聊，他说："不用手机和电脑，你计算一下地球赤道的精确圆周吧。"你的第一反应会是什么呢？

有可能是：（1）算它干什么？跟我有什么关系啊？（2）我又不是专业人士，你问错人了吧？（3）产生警惕，疑惑你到底想干吗？等等。

总之，结果是你给出答案的可能性非常小。

大家可以对比一下，前后两个活动得到的反应截然不同。为什么呢？

你可以从三个角度来解读。

首先，从问题角度来看：跟第一个问题比起来，第二个问题离我们太远，看不出跟当下有什么关系。同样的问题如果放在孩子的学习上呢？学习内容是什么？到底跟他有什么关系？

其次，从执行的支持角度来看：第二个问题没有任何工具，得到答案的难度较大，所以很容易放弃。再看孩子的学习，面对一个新的学习任务，对他来说难度是否过大并且没有得到相应的支持呢？

最后，从系统的角度来看：第一个提问者是面试官，你的回答决定了你是否能得到一份赖以生存的工作。而第二个提问者是朋友，回答不回答，与你没有任何利害关系。还是放到孩子身上再来看这个问题，孩子学习的内容对他有没有收益，如果不学的话，会有损失吗？

本章的主题是"激发孩子的学习积极性"。

这里面有几个关键词。第一个是**激发**，这是一种由外对内的作用。教育者是外因，只能起到外部的作用。第二个关键词是**孩子**，他是教育者行为作用的对象，是客体，不是积极的主体。第三个关键词是**积极性**，也就是动机。什么是动机呢？举一个简单的例子帮大家理解：你能否叫醒一个装睡的人取决于什么？取决于他自己是否想醒过来。那这个"想"就是动机。

心理学家将动机定义为**一种激发、指向并维持某种行为的内部心理状态**。就像从岩石缝里长出的小草，这是一种压制不住的生命力。

比如在前面第一个活动中，你对待这次面试的态度就是你的动机，而动机决定了你在面试中的行为表现。

这么说来，是不是从一个人的外在行为就可以看到他的内部动机呢？这里我要特别提示大家：评价一个孩子的学习动机，不能从单一角度进行。

如果老师或者家长从一个孩子不做作业就判断这个孩子学习不积极，从他不认真对待老师提问就判断他逆反，那么这些简单的判断只会让孩子离教育者越来越远，和激发孩子的积极性背道而驰。

动机可以促使主体由内而外，自发、独立地去发起行动。所以，原则上讲，所有人类的行为，都有动机。

比如当下，你为什么要翻开这本书？是什么激发了你的学习动机？你思考过后会发现，人们的行为都是由动机支撑的。也许是因为和孩子有了矛盾，想要寻找一个解决问题的方法；也许是因为想要了解孩子，成为更好的父母；还有可能是因为工作需要，想更好了解家庭；等等。所以如果想激发孩子的学习积极性，最有效的方法是增强他们自己的学习动机。

关于动机，你首先要问五个问题，以便了解动机的重要性。建议你可以先根据自己的实际情况选择一个事件，一边阅读下文的五个问题，一边把这个事件代入到问题当中去思考。

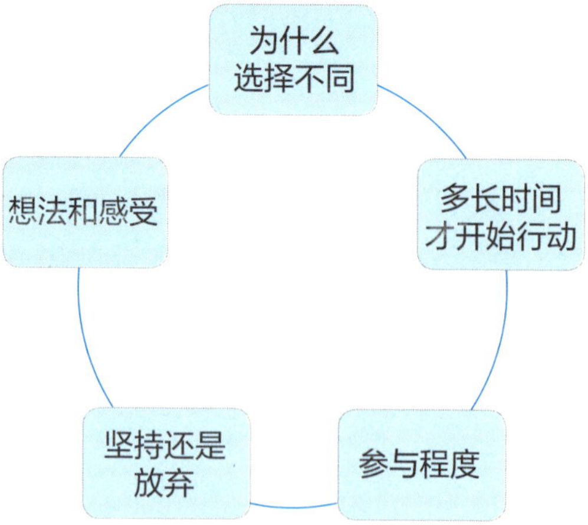

- 第一个问题：人为什么选择不同的行为？
- 第二个问题：选择一个行为后需要花多长时间才开始行动？
- 第三个问题：开始行动后，参与程度如何？
- 第四个问题：什么因素决定一个人在参与过程中选择坚持还是放弃？
- 第五个问题：在实际行动中，会产生什么想法和感受？

如果你刚才就一件事情代入这些不同的问题，你就会发现一个简简单单的行为背后，动机对行为的选择、参与度、坚持、情绪体验等都起着至关重要的作用。

为什么

咚咚的妈妈给咚咚报名参加了一个暑假到山区体验生活的活动，咚咚知道后，显得十分不情愿。

咚咚问妈妈能不能把这个活动取消，妈妈不同意，告诉咚咚要去不同的地方走一走，感受一下当地的风土民情。

听了妈妈的话，咚咚依旧皱着眉头，说："有什么可感受的？我在网上都看过了。"

妈妈还是坚持让咚咚参加这个活动，亲身体验一下不同的生活，咚咚不乐意，直言道："要感受您自己去感受吧！"说完，他就跑掉了。

咚咚妈妈的用意是好的，然而儿子的想法却和她不一样，母子俩谁也说服不了对方，这样的场景是不是有些眼熟呢？

生活中，父母经常会遇到类似的情况，一件对孩子未来有好处的事，孩子就是没有兴趣。一味强硬有可能会引起孩子的对立反应，可是一味顺着孩子，又怕把孩子惯坏。要想给没有劲头的孩子加加油，家长首先就要摸清能让孩子产生动力的“油门”在哪里。

动机的什么特性决定了行为的结果呢？是动机的成就性。

美国心理学家麦克里兰通过各种实验对不同年龄、不同特征的被试做了大量的研究，发现成就动机的高低会影响到人们的行为。

其中有一个实验是选择了一些5岁的孩子作为被试。研究人员让这些孩子站到一个安装了木桩的房间里，提供了一些绳圈，让他们去套木桩。大家可以想象成我们玩儿的套圈儿游戏。孩子们在房间里可以自由选择站立的位置。

你可以猜一下，孩子们会站在哪里。

是A、B，还是C？甚至更远？更近？

这个实验的结果发现：追求成功的孩子选择了距离木桩适中的位置。而避免失败的孩子选的位置要么离木桩很近，要么离木桩很远。这是什么原因呢？麦克里兰认为，追求成功的孩子会选择具有一定挑战性的任务，同时又要保证成功的可能性。因此，他们选择了距离木桩适中的位置。

为避免失败，有的孩子选择离木桩很近、轻易就能成功，这大家都能理解，而有些选择距离木桩很远是为什么呢？这是因为避免失败的孩子关注的不是成功与失败的取舍，而是尽力地避免失败和因此而带来的消极情绪。因为离得远是所有人都达不到的，所以他不成功也很正常，就不会给他带来消极情绪。这个发现，麦克里兰后来在不同年龄、不同的任务中取得了一致的印证。

既然动机中的成就因素在“学习积极性”中起到很大作用，那什么是成就呢？美国教育心理学家卡文顿在1992年提出了自我价值理论。他提到，**自我接受的需要是人类最高的需要，而个体感觉到自己有价值，他才能接受自我，自我价值感是个体追求成功的内在动力**。这个理论以成就动机理论为基础，我们可以从这个角度来理解“为什么有些孩子不肯努力学习”的问题。

来看两个例子：

例1：快到文艺汇演了，娜娜争取到了班级群体舞蹈领舞的资格。她喜欢站在舞台上被众人注目的感觉，这让她觉得自己是世界的中心，所以对待这次汇演，娜娜的态度难得认真。

她最近一个月每天都在努力练习，除了练习舞蹈之外，她还私下定制了一套色彩华丽的演出服，并按照网上的教程研究了如何化妆，力争在正式表演当天能有一个完美的演出。

例2：老师指定优优为宣传委员，并要求优优在下周末前完成黑板报，争取在年级黑板报评选中为班级争光。

对优优来说，她对宣传委员这一职务毫无兴趣，更对黑板报评选的结果无所谓。在她看来，这两件事既浪费时间，又没有什么实际好处。哪怕黑板报得了第一，老师最多也就口头表扬她一下，而成为宣传委员，每周开班会更是耽误她放学写作业，对她的学习成绩一点帮助都没有。在她心里，下次考试拿到全班第一远比黑板报评优更能让她愉快。

然而，面对老师的指定，优优不敢拒绝，她虽然每天都在画黑板报，可是往往没画几笔就开始心不在焉。

从这两个例子你就能看出，当一件事无法让人产生成就感时，做这件事的人就很难调动自己的积极性；反之，如果一件事与一个人的自我价值的实现紧密相连，那么这个人就会充满了做好这件事的动力。

怎么办

实用技能一：了解成就的四种类型及激发方法

动机的成就性极大程度决定了行为，心理学家卡文顿根据追求成功和避免失败的倾向，把成就分为四类。

避免失败的动机 \ 接近成功的动机	低	高
低	失败接受型	成功导向型
高	失败回避型	过度努力型

第一种是高趋低避者，又称作**成功导向型**。这类孩子的学习超越了对能力和失败状况的考虑，他们往往拥有无穷的好奇心，对学习有极高的主动性。

优优学习成绩好，字迹优美，每次语文考试都会得到老师的表扬。回到家做完老师布置的作业，优优还要自己给自己出卷子做。有时候，妈妈会苦恼她周末不出门儿，爸爸也发现女儿最近似乎眼睛开始有些近视。

第二种是低趋高避者，又称为**失败回避型**。这类孩子有很多保护自己胜任感的策略，他们使用各种自我防御术，往往外归因，从外部寻找个人无法控制的原因来解释失败，心态比较好。

咚咚这次数学考试考了80分，妈妈不太高兴，然而咚咚却说班上第一名才85分，他能考80分已经很不错了。

第三种是高趋高避者，又称**过度努力型**。他们兼具了成功导向型和失败回避型两者的特点。一方面对自我能力的评价较高，另一方面评价又不稳定，很容易受到失败经历的动摇。他们往往有完美主义的倾向，给自己很大压力。相信大家也见到过这样的孩子，他们成绩优异，但心理压力过大，抗挫折能力比较弱。

乔乔为了小提琴比赛苦练数月，然而比赛当天由于压力过大而拉肚子，导致最后成绩只拿了第三名。比赛过后，乔乔难过地将自己关在房间里。

第四种是低趋低避者，又称为**失败接受型**。他们放弃了通过能力来保持身份地位的努力。这些孩子在面临学业挑战时常表现出退缩。他们用于学习的时间很少，焦虑水平也很低，对极少获得的成功不感到自豪，对于失败也不感到羞耻。我们经常用“破罐子破摔”形容这类人。

娜娜又一次因为上课睡觉被老师叫到办公室了，老师提醒她再过一周就要期中考了，她再不听讲，小心考不及格被请家长。谁知娜娜却满不在乎地表示：不及格又不是第一次了，请家长就请家长。

总结这四种类型，从系统的角度看，每一个类型的特点都不是今天才出现的，它们是伴随着现代教育发展表现出的一些共性。通过学习共性和差异，你将了解如何对不同类型的孩子因材施教。

现在，你可以停下来想一想，身边遇到的那些不听话的孩子是真的不想学习吗？你家的孩子又是以上哪一种类型的呢？

接下来，针对这四种不同类型，你需要学习用相对应的方式来激发孩子的积极性。

1．成功导向型的孩子：他的内在已经有很高的积极性，所以积极的倾听、一句赞许的话甚至一个鼓励的微笑就可以了。

2．失败回避型的孩子：他们习惯非我责任。其实背后都是害怕去体验因为失败而引起的挫折感。可以帮他们设定跳一跳能够得着的小目标，再通过后面讲的远序四步法来帮助他们。

3．过度努力型的孩子：他们自身的成就动机较高，但给自己压力太大，而抗挫折能力不强。我们需要关注的是帮他们释放压力、缓解情绪，支持他多体会努力的过程中带来的收获，少关注结果的成败。

4．失败接受型的孩子：他们看起来处于放弃的状态。这大多是经历了过多的失败和打击造成的。首先需要帮助他们找到兴趣和特长，引导他们在熟悉的领域获得问题解决的成就感，建立信心。然后再按照对待第二种类型的方式进行。

在这个过程中，请注意要及时地积极反馈和鼓励。每个人都是有智慧的，你可以尝试理解一下这四种类型的孩子，他们的特点是什么？怎么激发他们呢？把你的答案填在下表中吧。

类型	特点	回应与激发
成功导向型		
失败回避型		
过度努力型		
失败接受型		

实用技能二：榜样的力量

马斯克的公司在2020年5月31日成功发射了搭载着两名宇航员的载人“龙飞船”，这是史上第一艘商业载人飞船。他在成功投资了特斯拉汽车公司以后，又投资1亿美元创办了美国太空探索技术公司SpaceX。马斯克接受采访时说：“我的母亲才是我的英雄，我的成功都来自她的培养和影响。”

俗话常说：龙生龙，凤生凤，老鼠的孩子会打洞。父母的言传身教在孩子的成长过程起着至关重要的作用。努力的父母、抱怨的父母、积极的父母、懒惰的父母，分别会给孩子带来不同的影响。哪怕是同一个孩子，跟随着不同的榜样成长，最后也会得到不同的结果。

实用技能三：有助的行为

上一章，我强调了有助的行为中的“身”——身体力行的参与，那么本章将继续深入，学习有助的行为的“心”——尊重。尊重似乎是一个老生常谈的话题了，然而有多少人真正理解这个词的含义，并且将这个词融入自己的一言一行中呢？

这个词字面的意思是尊敬、重视。古代是指将对方视为比自己地位高而必须重视的心态和言行，现代发展为平等相待。

被尊重，是一种非常好的感受，相信大家都有过类似的体验。

有一年，我带孩子们去日本参加夏令营活动，从第一家酒店离开时，酒店的经理一直在挥手告别加鞠躬，很多孩子第一次被这样对待，有点不知所措。当大巴车拐过几个弯儿后，我们从树木间隙里看到，两位经理还在向我们挥手。

后面几天，再从一个地方离开时，孩子们都会主动向车下的人挥手告别。

所以，尊重是可以换来被尊重的。

1. 尊重孩子认为重要的每一件小事。

在家庭中，是不是经常发生这样的事情？

你手头忙着工作的事儿、家里的事儿，孩子跟你要求预约游乐园门票时，你心不在焉地答应着，但是转头就忘记了。

到周末孩子问起，你迷茫地说："哦？我忘记了。"

孩子很愤怒，"妈妈，您不讲信用！"

而你也挺委屈，"我每天忙完工作忙家里，还要管你吃喝拉撒，不就是忘记给你预约没玩儿成吗！怎么就是不讲信用了？"

结果是：孩子积累下了不信任的小苗儿，你因感到不被孩子理解而伤心。表面上是一场争吵，内核其实是各说各话。我们眼中没用的"玩儿"，没记住孩子的叮嘱，传递给孩子的是不被尊重的感受。

可能有人会说我不觉得自己不尊重孩子啊，那换个角色，如果是你的大领导在你正忙工作的时候跟你说，明天早上帮他打印一份资料，你会忘记吗？所以，发自内心地尊重孩子，不是只听你认为重要的事情，而是记住他认为重要的事情。

将心比心，下次再听到"妈妈，你怎么一点都不知道尊重我"这样的话时，先别急着生气和委屈，平静下来好好反思，自己是不是最近又忘记了和儿子的约定，还是进入女儿房间前忘记了敲门，又或是被孩子发现你看了他私下写的日记。

2. 给孩子提供展示的机会也可以让孩子体会到被尊重的感觉。

2016年7月，我带了40多个孩子去俄罗斯天才学校交流。我们在教学楼的过道两边，看到有很多玻璃展柜，柜子里的内容五花八门。

孩子们都很好奇。校长介绍说：他们学校每年有很多假期，在假期时，会让学生选择自己喜欢的内容去社会中做体验，假期结束后回到学校，学校提供展柜把他们的收获展示出来。

有喜欢考古的可能捡到一块破瓷片，喜欢历史的找到一本旧书，喜欢生物的拿来一根骨头，等等。但只要说明它的价值，别人能看得懂，都可以放在展柜里让大家欣赏。所以大家看到这些五花八门甚至不起眼的东西，都被郑重地陈列出来。

这种展示会给孩子们带来怎样的自豪感和成就感不言而喻。与此同时，这种正向的感觉又变成动力激励并强化他们的学习行为，帮助他们减轻在遇到困难时的挫败感，从而形成一种自主学习的良性循环。

在家庭中，有些家长似乎总是热衷于“教导”孩子，而忽略了更为重要的一点——倾听。当孩子学到一点成年人看来微不足道的知识，不要不以为然，也不要马上打断，耐心一点，让他讲出来，认真听一听，然后再回应。

我们家经常举行晚餐会，晚餐时针对一件事情发表看法，通常都是欣欣说得多我们听得多，而且经常给到我们惊喜。这种展示就更加激发了她爱说的特点，渐渐地她说的动机越来越强，想说好的动机越来越强，就会动脑筋思考怎么说得更好，最后自己把特点变成优势。从一年级开始，她就策划、组织、主持班会、音乐会、国旗下讲话等活动，甚至在三年级时，还作为校史上年龄最小的学生主持了学校的六一晚会。

3. 要理解孩子年龄阶段生理、心理特点。

当你跟孩子对话时，对他想有所要求时，请从身、心、育的角度理解一下他的现状，尊重他当下的状态。

实用技能四：远序四步法

这一章的第四个实用技能叫“远序四步法”。

这个方法不仅仅在激发孩子的学习积极性方面可以使用，在沟通、自我学习、解决问题等方面，同样适用。它是由易到难，由近及远，由客观到主观的一个循序渐进的系统的方法。

高晓松说过一句流行语："生活不只是眼前的苟且，还有诗和远方。"这个眼前的苟且就是每一天我们要面对的现实，而诗和远方就是梦想。如果一个人没有诗和远方，就只剩下眼前的苟且，谁会积极地去对待苟且呢？所以，眼前很重要，远方更重要。

对于孩子来说，未来的梦想和目标就是从这里出发要到达的地方。对于你要激发孩子的学习积极性来说，也需要从当下孩子的现实问题入手，才能达到那个目标。

第一步，你要帮助孩子找到当下的问题并且解决；

第二步，要让他感到学有所用；

第三步，创造机会让他获得成就感；

第四步，用目标指引孩子前行的方向。

我举一个例子来帮助大家理解：

"五一"期间，咚咚一家驾车出游。有一天，爸爸在开车，妈妈坐在副驾驶座上，咚咚一个人坐在后座上。一路上咚咚总是玩手机，妈妈问他话也爱搭不理，叫他看看窗外景色，咚咚看了两眼，就又把眼睛挪回手机屏幕上。妈妈担心咚咚看坏了眼睛，几次劝说无果之后，爸爸一气之下把手机强行没收了。没了手机，咚咚百无聊赖地瘫在座位上，谁也不理。

想一想，咚咚这时的问题是什么？相信很多人会说他是手机控、游戏控。其实他的问题并不是玩手机，而是无聊，无聊的人才会被手机吸引，对吗？

沉默了一段时间后，妈妈开始跟咚咚聊天。妈妈问咚咚最近最喜欢读哪本书，咚咚想了想，说是《哈利·波特》。

当这个“聊天”的行为发生时，就做到了第一步“问题解决”。

妈妈又问：“你为什么喜欢《哈利·波特》？”

咚咚说他也不知道。

这个时候就需要把“聊天”升级了，第二步“学有所用”就会进一步激发他的动机。

妈妈继续说：“你们老师不是布置了一篇作文吗？咱们聊聊这本书，没准儿聊完你作文的内容就有了呢。”

这时候，咚咚的专注度明显提高了。

然后妈妈换了一个问题：你最喜欢哈利·波特这个人物什么地方？咚咚还是回答“不知道”。

你是不是经常能从孩子嘴里听到这类简单否定的回答？听到这类回答时，你会出现什么样的认知和情绪反应？他为什么总说不知道？当这类简单否定的答案频繁出现时，成人很容易就被激怒，误认为“这孩子怎么不好好回答问题”。

所以，在两人对话时，我们也需注意，不要让自己原有的评价和负面情绪有机可乘。与其抱怨“这孩子怎么这么没思想，什么都不知道”，或者“这孩子是在抗拒沟通”等等，不如想一想是不是大人没有找到更适合孩子的语言跟他沟通。

记得前面“有助的行为”里面的第三条吗？理解孩子当下的身、心、育的特点。咚咚是一位10岁的男生，他的动作敏捷，但语言表达和思维发育较晚，所以像“什么、为什么”这样抽象的内容对他有难度，他没有办法准确表达。

妈妈想了想，换了个问法，说：“这个系列你都看了六本了，给我讲讲你最喜欢他做的哪些事情吧。”

这才是真正的第三步“创造机会”。让他有机会表达，收获价值感。

咚咚说：“哈利特别厉害，能对抗别人都害怕的伏地魔。”

妈妈马上回答说：“哦，你是喜欢他的勇敢。还有吗？”

咚咚点头道：“对，哈利还经常帮助朋友。”

妈妈说：“那你是喜欢他的善良吧？”

这场对话一直持续到一家人到达目的地。爸爸喊他下车，咚咚还舍不得下去，说还没和妈妈聊完呢！

妈妈立刻感叹道：“哇，别说一篇作文了，你刚才讲的这么多，都可以写书了，没准儿你将来也能写出《哈利·波特》这么经典的书呢！”

这就是第四步“目标牵引”。经过这样的过程，相信咚咚再看书，再写作文时都会有不一样的感觉，因为他心里可能有了一个小小的目标。

在目标牵引部分，也要注意，不是像我们小时候随口说当老师、科学家、解放军那样的答案就可以的。这种大众的回答太过笼统，不适用于每一个具体的孩子。针对自己的孩子，你要想清楚：对孩子来说，他喜欢什么？擅长什么？能做什么？学习意味着能实现孩子真实的梦想，合适的目标是让孩子能看到现在与未来的清晰联结。

好，现在请你来做个小练习。请针对以下两种情况，按照“远序四步法”来模拟一下你的做法。

一个现象	问题解决	学有所用	创造机会	目标牵引	训练结果
玩游戏					
写作业慢					

实用技能五：生涯规划

第五个实用技能是为孩子进行生涯规划。不过在正式进入这一部分之前，请先思考两个问题：

- 你知道自己的孩子长大了想做什么吗？
- 你想让孩子长大了成为什么样的人？

其实，在回答这两个问题的时候，你就已经进入生涯规划的思维范畴了。

那么，什么是生涯？什么是生涯规划？这与家庭教育有什么关系呢？

生涯是在时间维度和空间维度上的跨越。选择怎样的生活、怎样的工作以及用怎样的态度和方式来生活和工作，都会影响人们的生活满意度。人的前半程生涯与原生家庭联系更紧密，后半程生涯则与自我更相关。

通常大家在讲生涯规划的时候都会回溯到原生家庭。家庭的现实和观念是孩子未来的起点。家庭成员的生活方式、价值观、择业偏好等，都会影响我们的生涯规划。

用最朴实的语言描述生涯规划：在有限的时间（人的一生）和空间（我们存在的世界）里活成自己（孩子+家长）想要的那个样子。

孩子的生涯与父母的生涯是有交叉重叠的。因而生涯规划绝不仅仅是孩子的事情，它是一个系统的事情，是动态发展的，需要系统中所有的人都参与。那么，父母如何协助孩子担负起自己的人生，成为自己的主宰呢？

如何让理想的船能够扬帆起航？如何让“想到”变成“做到”（或者部分

做到）？简单地说，就是要开展五个方面的讨论（5W）：

· **Who?** 谁

— 你想成为怎样的人？

— 你的榜样是谁（哪些人）？

— 谁可以帮助你？

· **When?** 什么时候

— 你要花多长时间实现自己的理想？

— 为了实现这个理想你要做多长时间的准备？

· **How?** 怎么做

— 你要做哪些准备？

— 我要如何支持你？

· **What?** 做什么

— 学习什么？

— 训练什么？

— 改变什么？

· **Where?** 到哪里去

— 到哪里可以获得更好的学习机会？

— 到哪里可以获得更好的工作机会？

当然，这是一个长期的过程，需要家长和孩子共同成长。

实用技能六：用“三分生态系统”思维方式思考

上文讲的所有内容，都是围绕本章主题展开的，无论哪一部分，都很重要。这就是系统。解决一个问题，我们尽可能地使用三分生态系统思维来思考。

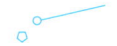

美国心理学家尤里·布朗芬布伦纳也曾提出过“环境生态模型”（ecological systems theory），他把环境比喻为鸟巢状的结构，包括家庭、学校、邻居等日常生活场所。这些环境的每一个层面都对发展有重要影响。我们的“三分生态系统”除此之外，还增加了价值观、文化、历史甚至人类等更广泛的内容。

真知道拼图

现在，我们来回顾本章的知识要点。请在对应的拼图里涂上相应的颜色：红色=非常好，黄色=基本掌握，蓝色=继续努力。

第一块，动机对行为的选择、参与度、坚持、情绪体验等都起着至关重要的作用。

第二块，一件事所带来的成就感影响着人们完成这件事的动力。

第三块，运用六种实用技能来激发孩子的学习动力。

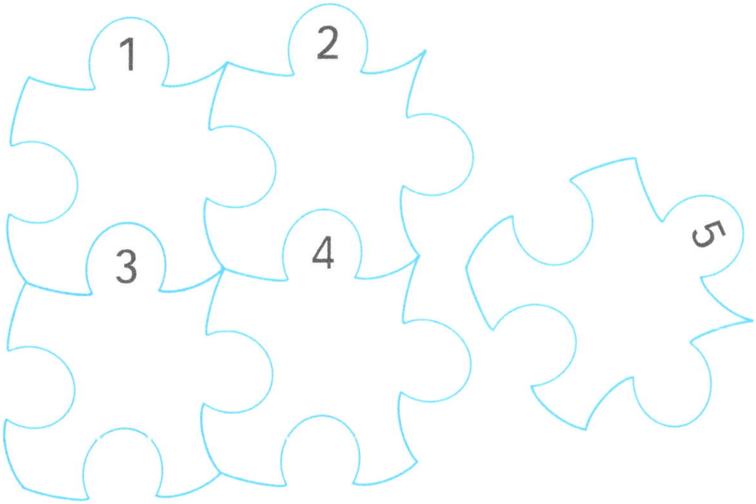

【读个故事停一停，然后请你评一评】

优优升到新年级后换了一个老师，这天优优回家后一个人坐在床上抹眼泪。妈妈问起缘由时，优优告诉妈妈新来的班主任最近老是批评她，这让优优觉得自己什么都做不好，突然不想学习了。

妈妈很惊讶，事后她通过另外一位家长沟通，了解到这位新来的老师的教育方式和之前的老师不一样——她对学习好的学生要求更高，而对学习不好的学生则以鼓励为主。

妈妈想了想，老师的做法也不能说是错误，而优优的委屈也很影响她的学习。具体该怎么开导优优，妈妈一时还没有好点子。

如果你是优优的妈妈，你会如何帮助优优走出厌学情绪？（请根据本章所学，写下你的分析。）

"T.E.S."探索表

三分着手点	你会怎么做?	有助的行为
身		
心		
育		

第四章

外观世界，内看自己

了解原生家庭对你的影响，看到自己在核心家庭中的行为模式。运用WYH模型探索自己，不要让原生家庭中的情感忽视成为你教育孩子的自动反应。

欣大侠的小故事

欣欣有一次好奇地问我："我爸爸做什么事情都不紧不慢的，什么事儿都慢悠悠地讲道理，跟唐僧似的。您天天风风火火，一件事儿得变好几次，跟孙悟空一样。你们俩怎么能成为一家人呢？"

我愣了一下，没想到这小人儿会问这样的问题，必须好好想想才能回答她。

一个人的性格是怎么形成的呢？通常会有两部分的影响因素。一部分是基因，就是人们常说的"天生……"，还有一部分就是在成长过程中环境和教育的结果。

欣欣爸爸是老大，下面有一个妹妹。欣欣爷爷是大学教授，奶奶是大学政工干部，都是自律且处事严谨的个性。因此，他成长过程中"做正确"比"做得快"更重要，由此养成了"三思后行"的个性。

而我是家里的老小，上面有一个哥哥。欣欣姥爷虽然要求严格，但允许孩子表达并经常鼓励。姥姥则对孩子有些溺爱，这就形成了我凡事敢于尝试且"无法无天"的性格。

讲完这些我又鼓励欣欣思考："你很敏锐地看到了爸爸妈妈的不同，那你觉得爸爸妈妈有哪些是相同的呢？"

欣欣想了想："你们俩都很爱我，爱聊天，有事情爱讲道理，谁说得有理听谁的，不吵架，所以我也很会聊天讲道理。"

故事汇

你可能也发现一个人今天的性格特点、行为习惯、为人处世方式等，大多跟他童年的成长经历、生活环境、家庭教育内容高度相关。正因为每个家庭巨大的差异，所以这个世界上的人也各形各色，这才构成了一个精彩纷呈的世界。

当你和配偶组建了一个小家庭，你们的关系和言行又会带给孩子什么样的教育呢？

本章我们将开始了解自我，首先从跟自我息息相关的“外部系统”讲起，并通过案例和研究深入讨论家庭对人的影响，最后将谈到建设家庭的实用技能。

你真知道吗

序号	关于我的原生家庭	我的想法
1	我从原生家庭里是否收获到一些重要的品质？	
2	如果有，是什么品质呢？	
3	如果没有，原生家庭带给我的是什么？	

接下来，我们将要开始一段探索自我的旅程。启程之前，请先问自己一个问题：“对于自己，我到底了解到什么程度呢？”

上一章提到了榜样的力量，身为父母，是孩子人生中距离最近且影响力最大的榜样。了解自己，对认识到自己的优势和缺点分别会在孩子成长的道路上起到怎样的影响至关重要。

是什么

人的成长离不开家庭，不同的家庭孕育了不同的个体。很大程度上，人们的家庭背景决定了各自未来的人生观、价值观和世界观。反之亦然，每个人在社会上的表现，也同样透露出他们各自的家庭文化。

当大人们遇到一个小朋友讲礼貌、表现优异时，常夸奖这个小朋友“有家教”；反过来，当人们遇到一个“熊孩子”时，很多人的第一反应都是“熊孩子身后必有一对熊家长”。由此可见，“家庭”二字在一个人的塑造过程中是不可或缺的存在。

接下来，我将通过两个概念进一步讲解家庭如何对一个人产生影响。

原生家庭

原生家庭这个词近几年来被广泛运用。这最早是一个社会学概念，在心理学尤其是家庭治疗发展的过程中，心理学家观察到，原生家庭对成年人后来的行为习惯和家庭都有着很深刻的影响。

很多心理学家对原生家庭进行过系统的研究，比如阿德勒提出过“家庭风格”，萨提亚提出过“沟通风格”，柏文提出了“代际传递”，海灵格提出过“家庭星座”，这些理论都对心理治疗中的原生家庭概念有着很重要的贡献。

原生家庭的定义是：**一个人成长过程中重要的照顾者和兄弟姐妹，或者一个人所属的第一个社会群体，通常是一个人的亲生家庭或收养家庭。**

原生家庭能对人构成深远的影响，这种看法已经成为大众的共识。在2019

年比较火的一部电视剧《都挺好》中，女主角明玉，她所处的家庭环境就一度受到了观众的广泛讨论，她的经历也曾引起了不少女性观众的共鸣。

明玉家里有两个哥哥，但她并没有因为是老小而成为备受宠爱的娇娇女。相反，明玉从小是在重男轻女的环境下长大的。在家庭中，一向是哥哥吃肉她吃菜，哥哥喝牛奶她喝水。哥哥出去旅游能顺利拿到2000元，明玉报补习班1000元却求而难得，甚至在高考前，明玉住的房间还被卖掉了。

成绩优异的明玉本来可以考清华，妈妈却因为不想出学费而逼着她读免费的师范学校。妈妈甚至对她说："你怎么能和两个哥哥比呢？我们只负责养你到18岁，你以后还要嫁人，到老了，我们也不需要你养。"

试想一下，这样的女儿成长起来，原生家庭会给她留下怎样的烙印？她的认知、情绪、行为会有什么特点？当然，电视剧的剧情有编剧夸大的成分，但是艺术源于生活，现实世界中这样的例子其实不胜枚举。

核心家庭

核心家庭（Nuclear family）最初也是来自社会学、人类学概念。它是由美国人类学家默多克首先提出的，指由一对夫妻和他们的子女组成，并且居住在一起的家庭。

核心家庭中的子女，无论是亲生的还是收养的，在数量上并没有限制，与之相对的是大家庭。他经过研究发现核心家庭是普遍存在的，并且起到其他集团不能比拟的极为重要的四种作用：1. 性；2. 生育；3. 教育；4. 生活。

核心家庭中包含着两种最基本的家庭关系：夫妻关系和亲子关系。特点是对亲属网络的依赖性比较小，独立性、弹性、机动性较大。这种家庭有利于形成家庭中的平等、民主，简化家庭人际关系，减少生活中的矛盾和纠纷，有利于培养青年人的独立性。但另一方面它削弱了代际之间的关系，在老人赡养和儿童抚育方面带来一些实际问题。比如在中国，核心家庭中的夫妻双方工作都比较忙时，需要依靠老人帮忙带孩子。

2017年，我带20多个孩子去国外游学，大年初一我们去当地养老院慰问。养老院是一个小社区，有独立的活动中心。那里有健身房、游泳池、棋牌室、多功能厅，还能唱歌跳舞，条件相当不错。参观完，孩子们为老人们唱歌跳舞，送上自己写的福字，同时告诉他们中国春节在中国人心目中的意义。他们对中国大家庭生活模式感到很好奇，因为养老院是大多西方人晚年生活的选择，而且因为各种原因他们并不能经常看到子女。有一位老人热情地给我看他手机里孙子的照片，讲他和孩子相处时有趣的事情，可以看出，老人也很想念孩子。

核心家庭是现代都市和工业社会最主要的家庭模式。曾经有一项针对五个中国城市家庭的调研，核心家庭占家庭总数的66.41%，是最多的一种家庭形式。

下面，让我们一起来看一个例子：

咚咚是独生子，所以每年他最期待的就是过年时去爷爷奶奶家吃团圆饭。不光能收到叔叔和姑姑们的压岁钱，还能和兄弟姐妹们一起玩耍。

咚咚的爸爸是爷爷奶奶的第一个孩子，在他之下，还有两个弟弟和两个妹妹。其中最小的弟弟和咚咚爸爸差了整整有12岁。咚咚的爸爸作为长子，在弟弟和妹妹面前一向很有威严，每年吃团圆饭的时候，都是紧挨着爷爷坐的。

爷爷为人很严肃，小辈们都有点怕他，但是奶奶总是笑呵呵的，每次咚咚去爷爷奶奶家，奶奶总会给咚咚做他最爱吃的红烧肉。

几个长辈里，咚咚和三叔的关系最好，因为三叔是小辈们的孩子王，总是带着孩子们到处玩，所以咚咚有了新玩具也喜欢和三叔的儿子，也就是他的堂弟一起玩。至于两个姑姑家的表哥和表姐，他们都已经上高中了，和咚咚这几个小萝卜头平时玩不到一起去。

通过这个例子，我们可以看出，咚咚一家三口属于一个核心家庭。他们平时自己居住，过年的时候会去看望爷爷奶奶。在大年三十的饭桌上，咚咚一家和他的亲戚们又共同组成了一个三世同堂的大家庭。

此外，爷爷奶奶还有他们的五个子女，是咚咚爸爸的原生家庭。咚咚爸爸因为是长子，作为大哥从小就管着弟弟妹妹，导致成年后咚咚爸爸不管是在大家庭中还是在他自己的小家庭里，都习惯扮演一个说一不二的决策者的角色。这便是原生家庭给咚咚爸爸的影响。而由咚咚爸爸、咚咚妈妈还有咚咚共同构建的小家庭也同时是咚咚的原生家庭，一家三口的关系将会影响到咚咚未来的发展。

为什么

个体与系统相互作用

为什么要从家庭中了解自我？

因为我们从原生家庭中来，建立了核心家庭。在我们的生命中，这是两个重要的生存系统，而这两个系统中的人，也是和我们血脉相连、彼此影响的最重要的人。

美国心理学家、行为主义心理学的创始人华生，参考了桑代克的效应定律和巴甫洛夫的条件反射，认为行为的产生是S-R模式。

S是stimulus的首字母，指的是刺激，R是response的首字母，指反应。他用S-R理论把行为分解为刺激和反应两部分。他认为只要通过对行为的客观研究，就可以预测已知刺激将会引起的反应，也可以反推引起反应的刺激。

他曾经做过一个小艾伯特实验来证明他的刺激—反应理论。

当小艾伯特9个月时，先让他短暂地接触了白鼠、兔子、狗、猴子、面具等。结果发现，小艾伯特对这些物品都没有感到恐惧。

当小艾伯特11个月大时，他们把小白鼠放在小艾伯特附近让他触摸，这时，孩子对小白鼠依然不恐惧。

后来的测试中，当小艾伯特一摸到白鼠，华生就在他身后用铁锤敲击悬挂的铁棒，制造出响亮的声音。小艾伯特听到巨大声响后开始大哭，同时表现出恐惧。反复几次把这两个刺激配对，后来，当小白鼠再次出现在艾伯特面前时，他马上感到非常痛苦，哭着转身背向白鼠，想离开。

通过这个实验，华生说明了白鼠（条件刺激S）出现，会引起恐惧（条件反射R）。并且，在以后的实验中，他们发现小艾伯特对兔子等类似的物品也泛化了恐惧的情绪。华生说过一段著名的话："给我一打健康的婴儿，并在我自己设定的特殊环境中养育他们，那么我可以把他训练成我所选定的任何一种专家——医生、律师、艺术家、小偷，而不管他的才能、嗜好、倾向、能力、天资和他祖先的种族。"

小艾伯特实验和华生的这段假设有违背伦理和很多不严谨的地方，但可以了解的是：从行为主义的角度来看，环境对一个人的塑造有着非常重要的影响。

原生家庭对孩子的影响

拿婴儿做实验当然是不道德的，但是这种行为学的理论，我们可以从很多现实例子中得到印证。

下面来看一个明星的案例。

当年参演《小鬼当家》的小演员麦考利，10岁的时候就在好莱坞红极一时，但他的父母把他当摇钱树。最后为了争夺儿子的财产，父母双方甚至不惜在孩子面前大打出手，还将对方告上法庭，办理离婚。

麦考利的心中因此蒙上了阴影。家丑外扬的同时，他的星途也受到了影响，在15岁时他就因为没有更好的发展而选择了息影。更可悲的是，他在成长过程中，既没有得到应该有的教育，也没能得到原生家庭的支持。

麦考利的事情虽然是一个极端的例子，然而所有人都是从原生家庭中走出来，并且度过了重要的童年期和青少年期，在原生家庭中父母的忽视行为必然会对孩子直接造成负面的影响。

那是不是我们通过学习就可以给孩子一个完美的童年呢？我想说：那是理想状态。即便是我，自认为在养育女儿的过程中是按分钟养的，也经常受到她对我的“控诉”：

“妈妈，说了3点10分到这儿接我，你怎么每天都晚，我都等了你好几分钟了！”

“妈妈，你回到家还总是看手机，我跟你说话你总是‘嗯、嗯、嗯’，明显心不在焉！”

……

所以，你首先要明白的是：几乎所有的家庭中都会存在忽视孩子的行为。

如今的你，带着原生家庭的印记，组建了核心家庭。同时，你又正在建构着孩子的原生家庭。所以，你学习的目的当然不是抱怨、自责，而是了解家庭中行为的结果，帮助你更好地塑造自己的家庭。

家庭中的忽视行为

家庭中的忽视行为是指孩子在成长过程中的认知、情绪、行为，没有被父母关注或重视。

疫情期间优优一家人都只能待在家里，一家三口最常做的事就是每人都捧着个手机，爸爸读新闻，妈妈聊微信，优优看动画片。临近开学，妈妈怕优优玩手机上瘾，这几天每次看到优优看手机就忍不住说："放下手机，快去看书！"

一开始优优还装作没听到，到了后面干脆带着手机躲到房间里，以躲避妈妈的碎碎念。妈妈忍不住发了火，一怒之下把优优的手机给没收了，优优终于坐回书桌前，爸爸妈妈也终于可以开始做自己的事情。就在这时，优优突然说了一句："你们都没有人陪我，我不玩手机还能做什么？"女儿的话让妈妈十分震惊。

你有没有和优优妈妈类似的经历，直到孩子抱怨，你才意识到自己似乎在某个时刻无意识中忽略了孩子的感受？又或者，哪怕你再怎么努力回忆，也想不出自己到底在什么时候也无视过孩子，没看到他向你投来渴望的目光？是你从来没有错过孩子对你的每一次呼唤，还是在此之前你根本不曾意识到这个问题？

不管是哪种情况，从现在起，你都可以开始留心观察孩子的一举一动了。因为很多时候哪怕孩子很不安，很难过，他也不一定会跑到你面前直白地告诉你："妈妈，我感觉被忽视了。"作为父母，我们所能做的只有更加细心耐心地表达我们的爱，给我们的孩子更多的关注和尊重，尽可能减少生活中对他们的忽视行为。

父母的忽视行为带给孩子的感受

接下来我们通过两个例子来更好地理解家长的忽视行为，会给孩子带来怎样的感受。

例1：乔乔的妈妈毕业于国内知名音乐学院，毕业后曾是乐团的主力演奏者。在和乔乔爸爸结婚后，乔乔妈妈渐渐将生活的重心转移到家庭，在乔乔出生后，更是辞去了乐团的工作，一心在家抚育乔乔。然而乔乔妈妈心中对于音乐的热爱并没有消失，所以她把儿子视为自己梦想的延续。从乔乔很小的时候开始，妈妈就开始引导乔乔拉奏小提琴。

多年来，乔乔一直在练习小提琴，可是自从升上初中，乔乔的课业开始变得繁忙，平时分给小提琴的时间大大缩减，这让妈妈很失望。因为小提琴这件事，母子俩这段日子没少发生冲突。

例2：娜娜的妈妈是一名会计，她喜欢将生活安排得井井有条，最受不了杂乱无章的安排和突如其来的意外。而娜娜的爸爸在生活上则表现得非常随意，对于女儿也以快乐教育为主，从来不对娜娜做过多要求。爸爸工作繁忙，经常出差，妈妈管教娜娜的时间占大多数。

在生活中，娜娜和妈妈对很多事情的想法都不一样。

比方说娜娜喜欢关注时尚杂志，研究本期流行服饰，平日里热爱大胆尝试各种风格的服装；而另一边，娜娜妈妈对女儿的奇装异服一直以来都看不顺眼，用她的话来说“衣服最重要的就是舒适得体，你那些又是破洞又是抽丝的衣服，遮不住腰也遮不住屁股，穿出去哪像正经人家的姑娘？”

在未来选择方面娜娜和妈妈也有很大分歧。娜娜想做美妆时尚博主，而妈妈坚持让娜娜以后考公务员或是当老师，哪怕赚得不多，可是工作稳定，这样以后才好嫁个好人家。

娜娜认为妈妈是个思想僵化的老古董，而妈妈则认为娜娜小孩子不懂事，母女俩隔三岔五就会爆发一场家庭战争。

乔乔的妈妈将自己夭折的音乐梦想寄托在儿子身上这种行为，专注于完美，强迫孩子完成父母的要求。当乔乔不愿意拉小提琴时，妈妈表现出了强烈的失望，这种负面回馈，会让乔乔产生负面情绪，进行自我怀疑，自己是不是只是妈妈实现她的梦想的工具。

在娜娜的例子中，爸爸的过度溺爱助长了娜娜自我为中心、任性妄为的性子。另一边，妈妈的过度控制，让娜娜感到自己的选择不被妈妈理解和尊重，所以娜娜时常表现得暴躁易怒，同时也让娜娜在成长中对他人的情感缺乏同理心，导致她更加难以理解母亲的焦虑，使得母女冲突难以和解。

原生家庭的研究

2016年1月的《心理科学》期刊上发表的一项哈佛大学的研究表明，在温暖的家庭环境中长大的人，在恋爱关系中更有安全感，这种家庭中长大的男性在中年时，更善于管理压力和情绪。

这项研究的现任负责人，哈佛大学成人发展研究项目负责人、医学博士、精神病学家罗特·瓦尔丁格说："我们的研究表明，即使到了80多岁，童年经历的影响仍然可以被观察到，我们发现，温暖的童年有助于中年时的人际交往和更好地管理情绪，而这些技能预示着晚年的婚姻更安全。"

这项研究从1938年开始，一共进行了75年，现在还在继续。瓦尔丁格是这项研究的第四任负责人。

这个研究把被试分成两组：

第1组是哈佛大学大二的学生，他们当时在这个研究中学习，后来在"二战"期间毕业。但大部分人在战争中存活了下来。

第2组是波士顿最贫困社区的男孩，他们来自处于麻烦与不利环境下的家庭。在20世纪30年代，波士顿大部分人生活在设施简陋的公寓里。当他们参与研究时，开始给予他们医疗检查，家访。

研究组每两年检查一次他们的研究对象，进行访谈，看看他们的状态如何。这项纵向研究从青春期开始，对同一个人进行了60多年的跟踪调查，为童年经历对人一生的影响提供了有力的证据。

第2组少年长大后，有些成为工厂工人、律师、砖瓦工、医生；有一些酗酒，还有一小部分的人患有精神分裂症；有一些人从社会底层一直走到顶层，有一些人则走向相反的方向。

研究者发现：适应性情绪管理技能可能有助于减轻童年早期逆境的影响。

瓦尔丁格在他的TED演讲中说，虽然很多年轻人倾向于名望、财富和努力工作会给他们带来幸福，但实际上，对我们的幸福最重要的是社会关系。他解释了研究人员从研究中得到的三个启示：

第一，拥有社会关系对个体的健康和生活都有好处。相反，孤独会杀死我们。

第二，拥有高质量的密切联系比联系的数量对个体的幸福更重要。

第三，拥有良好的人际关系不仅对个体的身体有好处，同时对大脑也有好处。

通过这个研究，你可以看到：原生家庭的幸福程度，对人成年后的健康、人际交往、情绪管理都有着正相关的影响。

不要让传说控制你

上文的研究表明，早期家庭环境的质量虽然可以“对幸福感、人生成就以及一生的人际关系功能产生深远影响”，但通过适应性情绪管理等技能也可以减轻童年早期逆境的影响。因此，不要让传说中的“原生家庭”控制了你。

你现在是成年人，无论过去如何，你都可以用自己的力量创建一个你希望的核心家庭。黑格尔说：人应该尊敬自我，并且自视能配得上高尚的东西。

其实，从糟糕的原生家庭逆袭出道的例子也有很多，比如， 英国著名作家D.H.劳伦斯出生于矿工家庭，当过屠夫、会计、小雇员和小学教师，曾在国内外漂泊了十多年。他一生创作了10部长篇小说、11部短篇小说集，还有戏剧、诗集、散文集、理论论著、游记等。他所著的小说《虹》《查泰莱夫人的情人》是人们耳熟能详的文学名著。他曾说过：你将建立的家庭，比你出身的家庭更重要。他的原生家庭状况和后来的成就让他有资格说这句话。

所以，原生家庭所带来的伤痛，并不是人自暴自弃的理由。甚至，对原生家庭的看法，也仍然可以重新选择。

核心家庭的英文是“Nuclear family”，其中“Nuclear”本义是“能源、原子核”，用它组成核心家庭词组，可能是想表达核心家庭是最有力量的，也是能给你最多力量的重要系统。

美国著名作家马克·吐温说过：“生命如此短暂，我们没有时间去争吵、道歉、伤心和责备。我们只有时间去爱——可以这么说，只有一瞬间的爱。”

宇宙的年龄是138亿年，太阳系的年龄是46亿年。相比之下，人类的文明史只有不到1万年。如果把宇宙诞生到现在的时间压缩到1年的话，人类对宇宙的信息记录，仅仅是几秒的时间。多么渺小而又短暂！我们短暂生命中宝贵的每一个瞬间，请填充更多的爱吧。

怎么办

实用技能一：三分角度着手

通过了解自己，你明白原生家庭对人成年后的影响很大。现在，你是否想过，对于你的孩子来说，现在你所构建的核心家庭，就是孩子的原生家庭。在这个家庭里，你和配偶是主动者，孩子是被动者，你们是兼具力量和能量的强者，孩子是没有选择权的弱者。想一想：你是怎样的妈妈呢？

当然，如果你带着原生家庭的伤痛、不被满足、情感缺失、缺乏安全感等一路走来，就需要付出更多才能建构出你想要的家庭。但是你也看到，有很多人不屈从于命运，同样活出了自己的精彩人生。

帮你了解原生家庭的重要性，并不是鼓励你去抱怨原生家庭，让自己陷入绝望。而是帮助你去正视家庭遗留下来的问题，看到从原生家庭中带来的那部分自我特点，再观察当下核心家庭中这部分的自我特点。不再做无意识的忽视者，而是有意识地去建构一个美好的家园。那怎么从这两个重要的系统中了解自我呢？

最简单的办法，就是从“三分生态系统”中的身、心、育三个角度来着手。它们能简单有效地帮助你系统地看原生家庭和核心家庭。

身，是客观环境。

出生在什么样的家庭，是每个人无法选择的。对于无法改变的系统，该如何面对它呢？将西方一句名言送给你：用勇气去改变可以改变的，用坦然接受无法改变的；用智慧区分二者。对于原生家庭客观环境的状态，是当时的你能改变的吗？

心，是主观体验。

还记得ABC理论吗？你可以给所有的A一个更好的B，很多事情，造成困扰的并不是事情本身，而是人对事情的解读。就像劳伦斯，无论原生家庭怎么样，看清自己真正想要的，不纠结过去已经发生的，都可以建构一个辉煌的人生。

育，是人社会化的过程。

从这个角度，你可以看到社会在不断发展向前，你每一天的经历都会成为过去，未来的每一天不出意外依然会到来。相信吸引力法则，你会遇到什么样的人和什么样的事，都取决于你的信念。当你想建构一个美好的家庭，你会为之努力。依然会碰到问题，但你学会了把问题放在系统中变成难题，积极寻求解决思路，它就不再是困扰，而成为你成长的途径。

所以，请把人生也放在系统中，不纠结无法改变的过去。而是关注当下，核心家庭才是你的演武场。现在，就好像你正在学习十八般武艺，你也可以打出一个自己的精彩天下。

在娜娜还在上小学的时候，有一次她和妈妈一起去买菜。结账时，娜娜看妈妈腾不出手，于是积极地帮妈妈打开手机支付宝。妈妈前两天才重新设置了支付宝密码，娜娜不知道这件事，这会儿肯定打不开支付页面。身后排队的人很多，妈妈看着有些着急，提高声音说：“你不会弄，快把手机给我，别在这儿添乱了。”

娜娜把手机交给妈妈，趁着妈妈结账装东西的工夫，一个人走到了店门的后面。等妈妈找到她的时候，娜娜还噘着嘴。回家的路上，娜娜一直没和妈妈说话，到家后妈妈问她怎么了，娜娜沉默了好久这才回答道：“妈妈，你刚才在外面当着那么多人大声说我给你添乱，我心里很不舒服。”

从这件事你可以看出，娜娜妈妈随口一句话会对女儿造成很大的情感伤害。如果从三分的角度出发，扮演娜娜妈妈的角色，要怎样理解娜娜并与她和好如初呢？

身：了解娜娜已经上小学了，随着自我认知的成长，自尊心也在增强。

妈妈回家后可以对孩子说：“妈妈潜意识里把你当成小宝宝，一着急没有意识到妈妈大声说话伤了你的自尊心，在公众场合让你感到十分难堪。”

心：用心感受女儿的情绪，及时向孩子道歉，疏导孩子心中的不愉快。

妈妈可以对女儿说：“今天是妈妈不对，我说完就后悔了，我知道你一定很难过才跟妈妈闹别扭，我以后一定注意。”

作为家长，要与孩子站在平等的立场上，承认自己用词不当的失误，而不是端着身为成年人的架子，抹不开面子拒绝向孩子道歉。

育：这个例子中，并不仅仅是情绪问题，还可以让它变成教育的契机，看到孩子行为中有助的一面，发现过程中未来可以改进的地方。

妈妈可以说：“妈妈很感谢你回来跟我表达了你的感受，这让我能直接了解到你的想法，这样妈妈才能根据你的需要做出调整。希望未来你能继续这样跟妈妈沟通。”

随时根据孩子的生长阶段而调整教育模式，积极进行沟通，从孩子和父母的角度都获得经验，增强亲子沟通能力，共同营造一个和谐的家庭环境。

实用技能二：有效的陪伴

在心理学上，有一个非常经典的实验，叫“恒河猴实验”。

在20世纪50年代末，美国心理学家哈利·哈洛和他的同事们做了一系列恒河猴实验。其中有一个实验名字叫“代母教育实验”。

实验者把一只刚出生的猴宝宝放进一个隔离的笼子中养育，并用两个假猴子替代真的猴妈妈。这两只假猴子分别是用铁丝和绒布做的。

实验者在“铁丝母猴”胸前特别安置了一个可以提供奶水的橡皮奶头。按哈洛的说法就是“一个是柔软、温暖的母亲，一个是有着无限耐心、可以24小时提供奶水的母亲”。

刚开始，猴宝宝主要围着“铁丝母猴”，你看到这里是不是想起一句话叫“有奶便是娘”？但没过几天，令人惊讶的事情就发生了：猴宝宝只是在饥饿的时候才到“铁丝母猴”那里喝几口奶水，其他更多的时候都是和“绒布母猴”待在一起；当猴宝宝遭到不熟悉的物体威胁时，比如一只木制的大蜘蛛，它就会跑到“绒布母猴”身边并紧紧抱住它，这说明“绒布母猴”会给猴宝宝更多的安全感。

看起来很完美是吗？但是，哈洛从这个“代母养育实验”中观察到了一些问题：那些由“绒布母猴”抚养大的猴子不能和其他猴子一起玩耍，性格极其孤僻，甚至性成熟后不能进行交配。于是，哈洛对实验进行了改进，为猴宝宝制作了一个可以摇摆的“绒布母猴”，并保证它每天有一个半小时的时间和其他猴子一起玩耍。改进后的实验表明，这样哺育大的猴子基本上正常了。

这个实验研究结果表明爱存在三个变量：触摸、运动、玩耍。这个发现对西方当代的育儿理论产生了极大的影响。这个实验告诉大家：在核心家庭里构建温暖的环境，是不难做到的。我们利用触摸、运动、玩耍这三种有效的行为，就可以让孩子感受到爱。

其实，不仅仅是孩子的行为习惯方面，在生物学方面也有类似的研究。有一种说法："每天拥抱七次，一天保持好心情。"

所以读完本章就行动起来，放下书给你的家人一个温暖的拥抱吧！

实用技能三：What-Why-How模型

第三个实用技能是一种非常简单的分析人事物的工具，What-Why-How模型（以下简称"WYH"模型），分别是：是什么（what）、为什么（why）、怎么办（how）。

个体处在"外部系统"中，每天都和环境中的事物发生着联结，自我的身、心、育特点等"内部系统"会成为你自动反应的基础。如何更客观地了解自己以及周围的事物呢？

首先要理解你看到的人、事、物，哪怕就是对自己，也只是海面上的冰山一角，这一点大家只要想想"生态系统"就可以明白。然后可以去问一个为什么，这样才有可能看到水面之下巨大的冰山，看到一件事情发生背后的合理性。

黑格尔说过：存在即合理。事情能够存在，就一定具备了存在的条件。孩子能够有各种各样的表现，是因为具备了各种因素促成他这样的表现。看到第四章，我想你一定不会再问出"我孩子不上学了，你说该怎么办"这样简单的问题了。

如何在实际问题中运用"WYH"模型？首先你要感知到自己出现的情绪，然后再从"身、心、育"，就是客观、主观、发展的角度去考虑。

举个常见的例子：一个孩子在超市里躺在地上打滚，原因是他想要的一个玩具，家长不给买。

这件事中，表现出来的打滚哭闹，就是已经存在的"是什么"部分。当你明白这只是冰山上面的一角时，接下来就可以思考"为什么"。

先从"育"的角度思考。

问第一个“为什么”，你也许会发现：孩子经常打滚哭闹。

问第二个“为什么”，你也许又发现：过去孩子好几次打滚哭闹都争取到了他想要的结果，他学习到了“打滚哭闹是有效的方法”这个知识，所以他会反复使用。

再从“心”的角度来思考。

也许你会发现：那个玩具是来之前父母答应过他的，他也期盼了好久，但是到了超市，因为各种原因，父母决定这次先不给他买了。他据理力争，但是父母都没有理睬他。无奈之下，他做出极端行为，就是想让父母能够听到他的心声。

所以哭闹只是一种无奈的表达。是拼命想要得到，而做出的抗争。

还可以从“身——客观事实”来思考。

可能是他在来超市前，就已经因为什么事情对父母有些情绪了。

还可能是他已经出去玩了一天很累了，在极度疲惫的情况下，想要的东西又没有满足，他就用爆发的方式来表达……

总之，在这一个打滚哭闹的事件背后，一定会有“为什么”。如果觉得找不到或无从下手，那就用“三分生态系统”来帮助自己。当找到了“为什么”就可以开启你的智慧，利用你以往的知识，找到针对“是什么”的路径“怎么办”了。

如果前面读过的ABC、远序四步法、有助的行为等等，一个都想不起来了，也没关系。你就从最简单的“身心育”入手。

- 身：可以直接给孩子一个温暖的拥抱，拍拍背，让他舒缓下来等。
- 心：可以关注他的情绪，并告诉他你的理解：“妈妈知道你特别想要这个玩具，我们说不给你买的时候你很难过，也很着急。”
- 育：可以教给他更多的表达方式。比如：“你哭闹的时候我几乎听不清你说什么，你可不可以好好跟妈妈讲讲你的需要和必须今天得到这个玩具的理由？”

来分享一件我家曾经发生过的小事吧。

一天，我在厨房做饭，欣欣在客厅写作业。

我叫父女俩吃饭的时候就听到爸爸对欣欣说：“你的头歪了。”

我听到爸爸说了两遍，估计欣欣没反应，我马上就听到爸爸又用严厉的声音说：“你怎么能打爸爸呢？”

如果不了解我们家的情况，或者不熟悉欣欣的人读到这里，可能会觉得这孩子真不懂事，爸爸也很严厉吧？接着往下看。

我把菜端到餐桌时，欣欣跑到卧室去了。

我跟过去发现她把门锁了。敲开门之后，还没等我说话，欣欣扑到我怀里哭。她说：“爸爸不讲理，因为爸爸动我的头了，所以我才要打回去。”

我抱着她安慰了一会儿，跟她说咱们先去吃饭。因为我告诉过她：任何人任何事都不能让她做伤害自己的事情，最基本的是要保证好好吃饭，好好睡觉。

这是我一直以来都在对欣欣传递的道理。同时，这句话也想请你送给自己的孩子。这句话看起来简单，但是在生活中要一直做到这一点，真的不容易。

这句话我对她说过很多遍，所以欣欣很容易就跟我出来吃饭了。然后我跟她重申以后情绪激动时不可以锁门。

欣欣问：“为什么？是怕我跳楼吗？”我理解她这么问的原因，是最近看到很多新闻中孩子跳楼的事件。

我告诉她：“因为人在情绪激动的时候，肾上腺素增强，对当前事情的专注度加倍，看好的超好，坏的特坏。再加上可能你碰到的是以前没经历过的事情，这样的事对你造成强烈刺激。这时候做出的决定都是冲动的，很有可能因为不正确而给你带来不必要的伤害。”

一大串儿名词让欣欣听起来似懂非懂，但她还在专注地听。

我继续说："其实不仅仅是负面情绪，人在兴奋的时候也一样，比如有人喝醉了说了很多豪言壮语，一高兴把贵重物品送人了，结果酒醒之后悔之晚矣。所以，以后有情绪时一定不要做任何重大的决定，而是问问自己或者信任的人，除了这个决定，还有没有别的选择？这是不是当下最合适的？一切决定等平静的时候再实施。"

这下欣欣就明白了。

我最后才说："你了解爸爸是平和的性格，他碰你的头是为了扶正而不是'打'，你可能感觉到不舒服，所以还击，但你的行为就是真正的'打'了。'打'这个行为显然是不恰当的，最后你也很生气。那可以想一想下次再有这样的事情，可不可以直接回应爸爸，同时表达你对他行为的感受呢？别人并不能随时随刻了解你的需要，爸爸也需要你直接告诉他该怎么和你沟通啊！"

最后，爸爸和欣欣做了一次深度的交流。

在这个过程中，有一个小技巧：因为我了解欣欣这个阶段的特点，一听我说把贵重物品送人，一定能把这句"情绪激动时不做重大决定"的话记住。你也可以根据自己孩子的年龄、性格等特点，举能够引起他共鸣的例子。

从这件事来看，当孩子出现了一个问题，不要着急下结论，而是想办法把这件坏事变成一件有用的事。不仅仅是解决单一的问题，还能通过这个过程掌握此类问题的处理原则。

特别强调一点，你可以看到这个过程中我就是使用了"身心育"三分视角，身：是激素水平上升那一段话；心：是理解她发脾气时的认知和情绪；育：就是鼓励她尝试新的沟通方式。所以你看，"身心育"是不是最简单的、能立马拿来用的简单方法呢！

你也可以想一想，找一件最近家里发生的事情、冲突，然后尝试用"是什么"—"为什么"—"怎么办"的方式，从身、心、育三个方面着手，来智慧面对生活中的难题。不用心急，你可以一点点摸索着前进。

当有一天你把知道变成真知道，那么创建一个开放的、接纳的、平等自由的家庭氛围将不再是镜花水月。

实用技能四：有助的行为

这一章有助的行为是“育——发展类”：个体可以通过学习做出有支持性的行为。

第一，你要抱有积极的信念：相信孩子有自己的能力，相信自己可以过得更幸福，相信家庭的未来更美好。

这一点同样知易行难。你可以做一个现实检验：回顾过去的三个月，你更多的是充满希望，还是为每天都会发生的问题而烦恼呢？

其实对于普通人来说，如果不是刻意为之，抱有积极的信念并不容易做到。

比如，有一天你在单位不太顺利、心情不好，回到家，吃完饭，看到丈夫没擦干净桌子，你的火就上来了，可能会说：“说过你多少次，你都不听，你就是这样，什么事儿都凑合……”这样的“拓展”能力人们都很强，吵架的时候尤其擅长举一反三。这就是现实的生活，因为希望不会天天有，而问题却是天天见。所以，抱有积极的信念，并不是说说这么容易，而是需要进行刻意训练的。

前面说过，问题是系统发展中必不可少的动力，是可以通过不同途径寻找思路进行解决的难题。所以，不要把目光总是盯在问题上，而是不管出现什么情况，都先抱以积极的信念。

第二，无压力的支持和帮助。

2017年2月，我带孩子们在国外游学期间，周一到周五他们在学校上学，周六日出去活动，活动结束时，孩子纷纷喊着想再待一个月，我很好奇他们为什么喜欢当地的学校。

欣欣告诉我："当每堂课有一个需要完成的任务时，老师会给几种形式让大家做选择，老师会告诉我们，'选择你擅长的，如果中间碰到困难，你可以来问我。如果做完了还想选择其他的，你也可以来找我。'这种自主选择的感觉特别好。有几次我做得不错，老师除了夸我，还真给我发了学校的'钱'，您看，这个盒子还有这些糖，都是我拿老师奖励的'钱'在学校小超市买的！"

欣欣说的时候眉飞色舞，脸上掩饰不住得到老师夸奖和通过自己的努力获得可支配的"钱"的喜悦。

通过这个描述，你是不是可以体验到：成人支持的态度，可以让孩子积极投入到各种活动中，毫无压力地去完成任务。

第三，使用视听游戏。

当你郁闷孩子总是玩起游戏放不下时，有没有想过游戏是人的天性，是不可避免的。其实，在家庭教育中，完全可以利用好这一特点，在游戏中植入你的教育理念。

欣欣小时候不认字时，她听了大量的故事。后来字认得多了，大概三年级时，她渐渐爱上读书。

我经常听到妈妈焦虑孩子不爱阅读，这时需要考虑的是，孩子是否具备了流利阅读的能力呢？听故事是不是也能达到阅读的目的呢？

再比如：欣欣小的时候，我和爸爸会在玩扑克的过程中，潜移默化地帮她掌握一些归类、计算甚至等待的能力。

在我们家，欣欣很小就有手机。玩手机游戏也会成为愉快的亲子时光。她和爸爸会比赛玩手机游戏，前提是设定一个目标，看看在规定的时间内谁先达到等等。

在2020年居家学习期间，欣欣在客厅里摆了一个书桌，手机、电脑、电视都由她自己控制，结果，一边是我做了很多孩子居家玩游戏不能自控的咨询，一边是欣欣自己在家非常顺利地完成了学习任务。

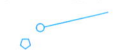

你也可以想想：在互联网环境的当下，如果不学会利用这些资源，而是当作洪水猛兽去隔离它们，是不是一种吃力不讨好的办法呢？

真知道拼图

现在，我们来回顾本章的知识要点。请在对应的拼图里涂上相应的颜色：红色=非常好，黄色=基本掌握，蓝色=继续努力。

第一块，了解原生家庭和核心家庭的定义和区别。

第二块，了解家庭中的忽视行为，明确家庭对孩子的影响。

第三块，通过四种实用技能构建和谐家庭。

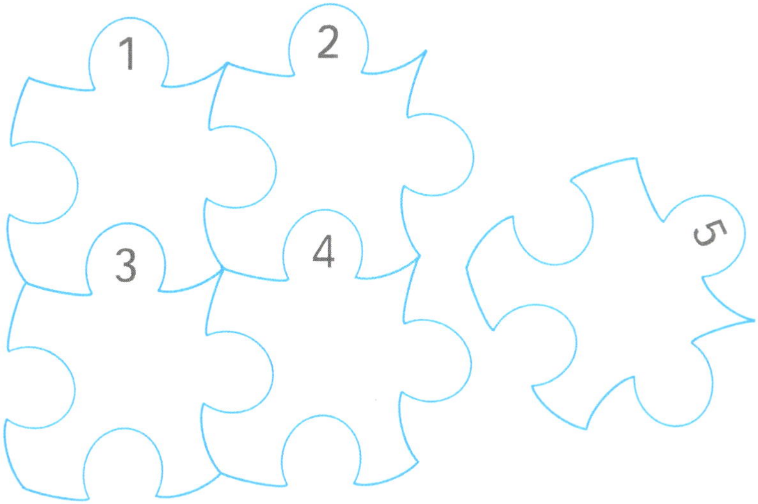

【读个故事停一停，然后请你评一评】

优优的妈妈发现最近一段时间女儿总是希望自己抱抱她，而且每次拥抱的时候，优优都十分用力。

其实一直以来，优优的妈妈内心对于这种拥抱都有些排斥。在优优妈妈的记忆里，她小的时候从来没有被父母紧紧拥抱过。她有三个兄弟姐妹，但是一家人都很内敛，羞于露骨的情感表达，所以等到优优妈妈长大成人，生下了优优后，也很少与女儿有肢体上亲密的接触。

有几次女儿向自己张开手要求拥抱时，妈妈借口有事情要忙而拒绝了，可是看到女儿因自己的拒绝而暗淡的双眼，妈妈内心又觉得自己这种行为很残忍，时常纠结不已。

如果你是优优的妈妈，你会怎么做？你有什么话想对优优妈妈说吗？（请根据本章所学，写下你的想法。）

"T.E.S."探索表

三分着手点	你会怎么做?	有助的行为
身		
心		
育		

第五章 发展你的自我系统

用认知眼镜识别你的认知特点，用非理性信念观察你的主导情绪，用行为标签看到你的行为模式，用高能量姿态和积极的自我暗示在内部系统中发展出更好的自己。

欣大侠的小故事

见证孩子的成长是一个很有趣的过程，在这个过程中，欣欣时常语出惊人，这给我带来了不少乐趣。

有一次放学回家，欣欣背着手，跟个小领导似的走在我前面。走着走着，她忽然停下脚步，望着天空深沉地叹了口气："妈妈，我觉得我真是一个伟大的人。"

"怎么突然这么说？"我觉得她这话特别有意思。

"老师办学习小组，让我提出分组建议，我本来想让小贝跟我分一组，可是我想了想，后来还是换了一个同学。"

"为什么呢？"

"因为我们组有小贝这么一个学习好的，我算半个学习好的，这样学习好的太多了，对别的组不公平。"说完，欣欣还摇摇头，一脸"我为这个班实在付出太多"的表情。

"还半个学习好的。"我忍不住笑。

欣欣瞄我一眼："笑什么，这说明我看自己看得透彻。"

诚如欣欣所言，对于自己是个什么样的人，如何和自己相处，欣欣早已有了自己的一套理论。

期末英语总结，欣欣完成报告后，爸爸发现作业中有几道涂色题空着，作业也一直处于未提交状态。

爸爸问："欣欣，你都做完了，为什么不涂了色上交呢？"

欣欣回得理直气壮："因为我不擅长涂色，所以我不想涂色，这叫留白。"

爸爸不同意，劝说道："这是你的弱点，需要克服的部分，更应该涂啊！"

小丫头却有她自己的道理："我不擅长我可以选择不做啊，做事就应该扬长避短。”

欣欣说得好有道理，爸爸一时竟有些无言以对。

故事汇

“我是谁”这三个字是一个历史悠久的哲学问题，无数人终其一生都在探寻自我的道路上上下求索。

或许你会觉得本章“自我”这个命题太过宽泛，但是生活中人们的种种言行举措无不与这个主题息息相关。作为父母，在与孩子的互动中，人们所做出的每一个决定，都因为他“自我特性”的不同而产生差异。而对孩子来说，他们成长过程中所遇到的每一个问题，都是对“自我”这一定义的不断探索和完善。就像欣欣，在和小伙伴对比时，她会评价自己是“半个学习好的”，也会在遇到困难时选择扬长避短而非迎难而上。这些有趣而出人意料的回答都是建立在她对自己的理解之上的。

父母有时候会不认同孩子的某些说法，但请不要急着否认，也不用忙着矫正。面对孩子对于自己的探索，先不要去评价正确与否。最好的办法是尊重并看到探索对他们自己的意义。因为不管他们说的话再怎么天真好笑，都是孩子对自己当下现状所做出的评价。

曾经有一句话说人最难以面对的是自己。因为如果不面对，就可以假装看不到那些不足，而活在完美的意念中；就不用去体会那部分无力感，而活在掌控一切的假象中。在本章，你将有机会直面自我，这个过程有可能会伴随着疑惑、排斥等诸多负面情绪，我希望你能明白的是：这些都很正常。诞生往往伴随着阵痛，重新认识自己不亚于一次伟大的新生，所以做好准备，让我们一起在了解孩子的同时，也了解自己，共同踏上这场寻找自我的路程吧！

你真知道吗

人们往往认为自己是最了解自己的人，但这并不意味着你对自己了解的程度足够深入。所以，在这里我提一个问题：你真的了解自己吗？假如请你用一句话介绍你自己，你会怎么说呢？

你会发现，要用一句话来准确地描述自己是很不容易的。为什么呢？因为“自我”是人所能称之为人的一切的总和。如此丰富的总和当然不可能用一句话来描述，你此刻也许会有疑问，既然不能，那为什么还要让我用一句话描述呢？其实这是我想让你首先对“自我”进行思考而给出的一个“简单任务”。你还可以尝试完成下面的表格。

序号	关于我	我的想法
1	我有什么独特的性格特点？	
2	我的什么特点帮助我在面对困难时，充满勇气并获得成功？	
3	我的常态情绪是什么？请用一个词描述。	

是什么

关于自我的思考，古希腊的哲学家苏格拉底曾说：未经省察的人生是不值得过的。所以，对自我的探究要从对自己的思考开始。

美国心理学家、实用主义哲学的先驱威廉·詹姆斯是自我概念的创始人，他说“自我是个体所拥有的身体、特质、能力、抱负、家庭、工作、财产、朋友等的总和”，他在著作《心理学原理》和《彻底的经验主义》中，都对“自我”概念进行了详尽的阐述。詹姆斯还进一步把自我分为“经验自我”和“纯粹自我”。

“经验自我”（The Empirical Self）是人们可能经验到的一种对象，是与世界的其他对象共存的一个存在物。

詹姆斯认为：“每个人的经验自我，就是他试图用‘我’（me）来称呼的一切。”詹姆斯认为“我”与“我的”很难区分。他反对将“从属于我的”东西与“真正的我”区别开，“自我”与世界之间没有明显的界线，我的身体、服饰、妻子儿女及财产都是自我本身的各种关系，参与了自我的构成。

经验自我又分为物质自我（Material Self）、社会自我（Social Self）和精神自我（Spiritual Self）三种成分。

社会自我高于物质自我，精神自我又高于社会自我。

物质自我：核心部分是身体，因为人一生中总是通过身体与周围的事物发生关系，并依据身体提出各种需求。

社会自我：指一个人“从同伴那得到的承认”，就是他在别人心目中的形象。

精神自我：意味着一个人内心的或主观的存在。具体地说，指他的心理能力或性情。

你可以看到，这三种分类跟“T.E.S.三分生态系统”有异曲同工之处。

詹姆斯把作为对象的个人称为经验自我，把当下思想看成是纯粹自我。纯粹自我：指一个人知道一切东西，包括自我的那些东西，所以又称为能动自我或主动自我。“纯粹自我”是由不断更迭的当下思想构成的。

他认为纯粹自我接受不同的感觉并影响感觉所唤起的动作；它是兴奋的中心，接受不同情绪的震荡；它是努力和意志的来源，意志从此发出命令。

这一段概念比较多，你可以通过下面这个例子来帮助理解：

乔乔是一名14岁的男生，他继承了母亲外貌的优点，体格纤细，面容俊秀。加上多年来小提琴演奏的影响，使得乔乔身上有着艺术家忧郁安静的气质，这个特质让他很受班级里女生的欢迎。而另一方面，乔乔内向敏感的性格，并不能使他在同性中拥有好人缘。进入初中后，由于迟迟交不到要好的同性友人，乔乔内心十分忧虑。

结合詹姆斯的理论，乔乔的充满文艺气质的外貌特征属于物质自我的一部分。他在男女生中得到的截然相反的两种评价则属于社会自我的范畴，而乔乔敏感多思、忧郁内向的性格，还有他对同性朋友的渴望，都是精神自我的映射。以上三者组成了经验自我，另一边乔乔每一个瞬间的所思所感都是他的纯粹自我。

“自我”既然有过如此专业而复杂的研究，那思考起来当然也不是一件容易的事情。当你把自己放在个体系统中，选择三个人们比较熟悉的心理学研究领域来探索时，每一个“我”直接对应的就是：认知、情绪、行为。

你可以思考一下，“我”的认知特点是什么。

高二女生大萌有些迷茫地找到我，跟我描述了她和同桌小茜的聊天。

大萌：“咱们新换的这位班主任，我觉得他特别温和，两次逮住咱们俩说话，都没有直接批评我们，而是看着我们微微地笑了笑。”

小茜：“你太幼稚了，这老师明显是笑里藏刀，不怀好意。”

第三次老师又发现她们说话后，也没有当众批评，而是把她们俩叫到办公室里谈话：“通过你们爱说爱笑，我看得出你们是乐天派，但是还是要注意上课不要说话，既破坏了课堂纪律，又影响自己的学习。”

从办公室出来后大萌感慨：“我们刚被叫过去的时候我可紧张了，以为免不了一顿狠批，结果还被理解了。我就说这位老师特温和吧！”

小茜却冷冷地说：“哼！你真没听出来啊？这老师特阴险，说我们是乐天派，就是想说我们天天上课说话还不自知，对我们冷嘲热讽。”

大萌说，她听了同桌的话，不知道同桌说的对还是自己的感觉对，感觉很茫然。

通过这段对话，你能很容易看到不同：

第一，不是所有人都能被别人理解，不同的认知特点决定了如何看待事件。

第二，不同的认知带来不同的情绪体验。

第三，相同的观点也会带来不同的外显行为。

为什么

心理学家阿希在1956年进行了一个经典研究——“三垂线实验”。

阿希在校园中招聘志愿者作为被试，并告诉他们：这是一个关于视觉感知的心理实验，实验需要对很多人做测试，大家会分成7人一个组，每组要做18个测试。

形式非常简单，在一间房间内，给被试呈现两张纸，第一张纸（图一）上印着一条线段，第二张纸（图二）上印着三条线段，请被试在图2的三条线段中找出和图一中等长的线段。

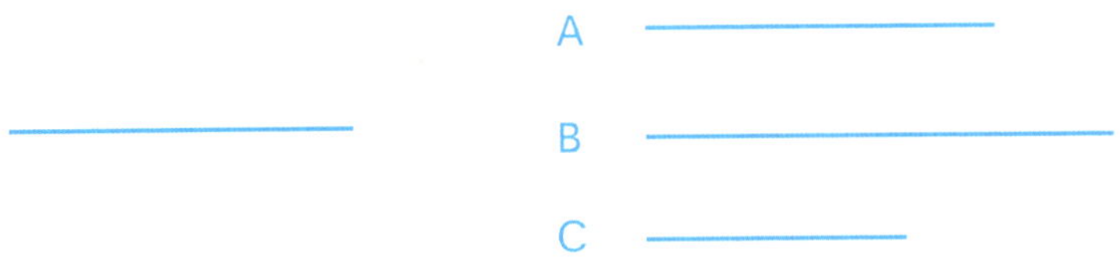

图一　　　　图二

当6号被试来到实验房间时发现，屋子里的7个座位已经坐了6个人，只有第6号座位的椅子空着。6号被试坐下来后，开始测试。

假设，你是6号被试，其他6个人都选择的是C，你的答案会是什么呢？

的确，测试的答案都是极其简单的，一般人都不太可能答错。但是，我要告诉你一个令人惊讶的结果，这项测试中增加了干扰项的正确率仅为63.2%，而没有增加干扰项的对照组正确率是99%。而且，75%的人至少有一次会出错，有5%的人甚至从头到尾一直出错。只有25%的人可以一直坚持自己的正确观点。

实验中的干扰项是什么呢？

就是其他6个人。其实，当6号进入实验房间发现其他6个人都到了时，他会以为别人都比他来得早，但实际上那6个人都是阿希的助手。接着好戏就上演了。在回答问题的过程中，被试们是按座位顺序从1号到7号来回答问题的。每次6号回答时，都已经有前面5人回答“错误的答案”，给真正的被试很大的压力，当他被压力影响选择了和前面5人相同的答案后，再加上7号也给出相同的答案，会更加影响他后面的选择。

因此在18次测试中，6名实验助手有12次故意出错，并且是一起给出相同的错误答案。而结果就是我们前面说过的，所有都能答对的只有63.2%，有5%甚至全部跟着选择了错误答案！

这就是著名的“阿希从众实验”。从众是指个体对社会群体压力的服从。

阿希在第二轮实验中，分别把被试和一名到多名的实验助手组成小组。当一名被试和一名实验助手组成的两人小组进行测试时，助手故意答错也完全不能影响被试的答案，但是一名被试和两名实验助手一起测试时，被试的错误率上升到13.6%。当助手增加到三个人时，被试的错误率就到了31.8%。再继续增加助手数量时就没有显著改变。中国有一个成语叫作“三人成虎”，也是发现三个人就能对他人产生巨大的影响。

通过第二轮实验阿希认为，人们从众的行为还和人群数量有关。

阿希做这项研究在当时是有现实意义的，因为20世纪50年代时，人们还在对“二战”进行反思，不明白为什么整个德国可以在纳粹的带领下，做出那么多令人发指的反人类罪行。阿希的实验证明个人会屈从于集体的压力，即使他明白集体的行为是错误的。

那“从众心理”就是没有原则的代名词，是一个贬义词吗？并不完全是。在社会中，人的从众行为对于文化的形成和文化认同感的建立是有好处的，但是在进行决策时，从众行为很可能会导致集体决议成为个人意见的结果，而正确的意见却在盲从中被掩盖。

从这个实验中，你可以从认知、情绪、行为来思考：对于6号被试，有坚持到底的，有犹豫几次的，有一错到底的。这些选择就取决于他们的认知：

- 一错到底的可能会想：别人都选C了，我随大流，总不会错。
- 犹豫几次的可能会想：是不是这几次我眼睛花了。
- 坚持到底的可能会想：我不管别人如何，我只相信我自己的眼睛。

再来分析这三种认知可能的情绪感受：

- 一错到底的：可能感觉到压力，紧张，于是选择从众，让自己放松。
- 犹豫几次的：可能在那几次对自己产生了怀疑，不确定，于是紧张，选择从众。

· 坚持到底的：可能会被自己大无畏的英雄主义所感动，更加坚持到底，不为所动。

通过这个实验你可以看到，一个如此简单的选择，都会因为不同的认知、情绪影响到不同的行为。

联系一下前面的ABC理论，你能发现产生了情绪的不是事件A本身，而是人们对事情的看法B。所以，是人们对事物的认知影响了人们的情绪和行为。

那么反过来，人们的行为会不会影响情绪呢？

2012年TED Global大会上，社会心理学家Amy 发表了题为“你的身体语言塑造你是谁”的演讲。在演讲中，她详细阐述了“Power Posing（高能量姿势）”的影响，这是她和其他在社会心理学领域工作的科学家们共同研究的成果。

Amy的精彩演讲引起了观众的共鸣，这个想法迅速传播，成为TED有史以来观看次数最多的演讲之一。

研究中明确的一点是，摆出扩张性的姿势会增加人们的权力感和自信感，而感觉强大是一个重要的心理变量。关于这个研究的方式，我在后文“有助的行为”部分会进一步阐述。

怎么办

身为父母，多已人到中年，想到中年这个词，人们很容易生出几分沮丧来。上有老下有小，工作忙碌，身体疲惫，可偏偏又是小的依靠，老的指望。所以很多父母即使遇到问题也觉得自己没有精力系统学习，就想问一个“怎么办”，直接讨得一副“灵丹妙药”。但我问起他们这么“偷懒”的原因时，大部分人会说：第一是实在没时间，第二是我都定型了，还能学得会吗？

学习能力的确和年龄有关，但年龄却绝非逃避学习的理由。常言道：活到老，学到老，许多伟人之所以名垂青史，正是因为直到生命终结，他们都没有放弃对知识的追寻。

柏拉图是古希腊著名的哲学家，他与老师苏格拉底以及学生亚里士多德并称西方哲学的三位奠基者。

柏拉图出生在一个贵族家庭，叔叔是当时雅典知名的政治家。柏拉图起初是打算继承家族传统从政，据说他还当过兵参加过3次战役。后来情况发生变化，尤其是苏格拉底被判了死刑，柏拉图对当时的政体完全失望，于是开始出去游学。在四十岁时，他回到雅典，创立了自己的学校——柏拉图学院，这所学院成为西方文明最早的有完整组织的高等学府之一。学院培养出了许多知识分子，其中最杰出的是亚里士多德。学院存在了900多年，直到公元529年被查士丁尼大帝关闭。

要知道在柏拉图生活的公元前400多年至公元前300多年这一阶段，人类的平均寿命不到40岁，所以当他游学回来，按照当时的人类普遍生存状态，40岁已经是老年了。即便如此，他仍然能创建中世纪时在西方发展起来的大学的前身。

如今人类的平均年龄已经到了70岁，哪怕你已经年过不惑，也正是当打之年。从现在起开始学习，请坚信，你不仅能学习成为更好的父母，还能成为影响更多家庭的优质传播者。

实用技能一：认识自己的“认知眼镜”

在前文中，你学习了如何运用情绪的ABC理论来了解自己的认知，现在我再教你一个形象的小技巧——“认知眼镜”。

设想一下，你平时对人和事物的认识是戴了一副“有色眼镜”后看到的，这样就更容易了解自己的认知了。当然，这里所说的“有色眼镜”并非贬义词，它没有固定颜色，而是指个体的差异性。

现在，你可以设想一下，当你分别戴着深黑色镜片、蓝色镜片和黄色镜片的眼镜时，你看到的景物会不会有不同?

你会发现，当你戴上不同颜色的眼镜时，就会因为镜片的过滤，看到不同颜色的景物。我用这个生活常识帮你认识：人们持怎样的观点就会看到怎样的世界，这就是人们的“认知眼镜”。

“认知眼镜”没有绝对的好与坏。黑色的眼镜看什么都很昏暗，但可以帮你观察日食的变化；绿色的眼镜欣赏不了花朵的色彩，但可以帮你把沙漠看成绿洲。

所谓“客观”也是一副“眼镜”。可能有人会说：我觉得我很客观啊，我没戴眼镜。殊不知，客观也是一副“眼镜”。你所谓的客观是怎样的观点？它看待人和事物的一致性特点就是一副“认知眼镜”。

“认知眼镜”不会一成不变。是不是一个人一生就戴一副“认知眼镜”呢？当然不是，人们过去认识的总和加上新知识的不断迭代，构成了当下的认知。比如孩子刚出生时，父母最关注的是健康，看孩子吐个泡泡都觉得可爱。可不知何时，对孩子的要求越来越高，孩子怎么做都不能让父母满意。

欣欣从上小学起，我们就让她独自写作业。

上一年级时，欣欣面对陌生的书啊本啊很迷茫，喜欢开着门，准备随时叫我们场外支援，后来到了二三年级，她觉得自己能搞定作业了，想自由一些，再写作业时就把门关上了。

我通常一个晚上会开门去看一两次，有时候发现她正在吃零食，有时候发现她倒床上睡着了。

有一次打开门，看她正在埋头写作业，马上夸赞了她一句。这时，她抬起头跟我说话，我一看，她眼睛上、脸上涂满了各色眼影，用姑姑给她买的化妆盒给自己画了一个大花脸。当时把我乐得哈哈大笑。

那天跟一个朋友聊天，跟她当趣事分享。

她说："我原来跟你一样，可等孩子到高年级，她再这么玩你就笑不出来了。"

我说："你看，不是孩子变了，是你变了。"

现在，欣欣已经五年级了，我还是经常被她的孩子气逗得哈哈大笑。

跟这个例子类似，很多时候不是孩子变了，而是你的认知和视角不同了。当孩子长大了，你也许感到孩子的每一个非学习行为都是浪费时间；你也许认为他玩起来就会分心，完不成作业；又或许你会认为他们不是玩了一会儿，而是玩了一整个晚上……

如果这么想，你一定会焦虑，进而会做出非建设性的行为。所以下次遇到某件事时，试着先停一下，确认自己是不是正戴着"有色眼镜"看孩子，然后再做出判断。

实用技能二：实用家庭小游戏——"续写故事"

我建议你在家庭中做这个小小的训练。

选择一个近期的家庭生活事件，请家庭成员分别写出对这件事情的看法。你可以在家里反复多次地玩这个小游戏，把它作为家庭时间中的"主打"活动。

在玩这个游戏时，请注意几个原则：

第一，刚开始做时，请一定选简单的事情，降低难度，便于练习。

第二，可以从选择他人的事件开始，比如同学的、邻居的、同事家的事件。因为，面对这样的事件，我们不容易带有极端情绪。

第三，一定要分别写下来，而不是讲出来。因为讲出来就会互相影响，也有可能引发家庭成员间不必要的争执。

第四，书写是一个整理思路的过程。通过外化的语言材料，头脑中的认知更容易具象化，也能够让大家保持客观的距离去分析。

优优一家一起玩了“续写故事”的游戏。你可以看看他们是怎么玩的。

楼上住了一对夫妻，今天晚上他们又吵架了。这不是第一次，他们矛盾不少，感情不好，隔三岔五就要吵上一场，吵得凶了完全不分时间场合。争吵时夫妻俩情绪总是很激动，彼此谩骂的声音也很大，优优一家在楼下时不时还能听到摔东西和小孩子尖叫哭泣的声音。

针对这件事，一家人分别在纸上写下了各自的看法。

妈妈：找时间就去居委会投诉他们，半夜两点半还闹，又是大叫又是摔东西，真是太讨厌了！

爸爸：虽然是很讨厌，但都是邻居，还能怎么办？而且估计说了也不管用，算了，买个耳塞，忍忍吧。

优优：他们夫妻有矛盾虽然不关我们的事情，但是他们这么晚还吵架已经严重扰民了。在晚上超过50分贝就是噪声扰民，我明天还要上学，他们没事可以补觉，我怎么办？这跟文化程度无关，是素质的问题。再说了，他们知道楼下住着个小孩儿，他们吵架时骂人的话那么难听，那种语言不管对我还是他们家孩子的心理都有很大伤害。

在这个小游戏中，你可以通过优优一家三口不同的反应看出各自的性格。妈妈性格比较强硬，遇到不合理的事情第一反应就是合理维权。爸爸更佛系一些，比起正面冲突，更倾向于避让。至于优优，她更是一个惊喜。在做这个游戏之前，优优的爸爸和妈妈都没有想到，一家人里反而是女儿对这件事分析得最为深刻。

莎士比亚说：一千个观众眼中，会有一千个哈姆雷特。每个人对世界都有自己独特的认知，你需要思考的是：你的哪些认知有利于你关爱自己、养育孩子、建设家庭呢？

实用技能三：识别非理性信念

美国心理学家阿尔伯特·艾利斯研究认为：当一个人有非合理的认知时，就会做出相应非合理的行为。比如，一个人认为必须要表现完美，体现在行为中，就是追求完美，或者拖延着迟迟不做。

艾利斯根据这个理论研发了“理性情绪行为疗法”，帮助病人克服不合理的信念和不切实际的期望。在这种方法中，心理医生指导病人们消除自我挫败的想法，同时专注于那些有益的和自我接受的想法。

艾利斯总结了11种非理性信念：

· 我们绝对需要被每一位生活中重要的人喜爱或赞许。

· 一个人应该在各方面，至少在一方面有成就、有才干，这样才是有价值的人。

· 有些人是卑劣的，他们应该为自己的恶行受到严厉的责备和惩罚。

· 如果遇到与自己希望不一致的事情，有不如意的地方，就认为很糟糕。

· 人的不快是由外在环境原因造成的，人无法控制自己的悲伤和情绪困扰。

· 常担心危险或灾难性事件的发生。

· 人生道路上充满艰难困苦，人的责任和压力太重，因此要设法逃避现实。

· 人应该依赖别人，而且需要依赖一个比自己强的人。

· 人的行为受到过去经验的影响，只要一件事情对人们产生了影响，这种影响就会持续一辈子。

· 人应该十分投入地关心他人，为他人的问题而伤心难过，这样才能使自己的情感得到寄托。

· 对于任何一个问题，都应有正确的、完美的解决方法，如果找不到，就会很糟糕。

对照一下前面这11条非理性信念，你可曾有过？有过几条呢？你看，非理性信念有三个重要特征：

一是绝对化：有大量的“必须”“应该”等绝对化的想法；一旦不是那样，就很容易面临信念崩溃。

二是过分概括化：常常以偏概全。如果一件事做错，就认为一切都完了；会自责，觉得自己一无是处。

三是糟糕透顶：认为事物都要按自己的意愿发展，否则就太糟了；会害怕导致可怕的或灾难性的后果。

通过这些内容很容易理解，当你持有这11类非理性认知的时候，就会有不好的情绪体验，进而做出非合理的行为。那么，就需要你调整认知，换一副“眼镜”了。

有一次，咚咚参加英语演讲比赛，他觉得自己这次表现特别棒，肯定能得第一名，没想到最后只得了第二名。第一名的得主是隔壁班的一个小男孩，咚咚听了对方的演讲，并没有感觉他的水平比自己好。于是他对自己只能拿第二名这件事很不服气，向老师提出了异议。但是老师没有改变比赛结果，咚咚觉得更生气了。回家后他和妈妈抱怨评委老师偏心，打分一点都不公正。

从这个例子中，你能看出咚咚有哪些非理性信念呢？

首先，有第4条：当比赛结果没有满足咚咚的预期时，咚咚觉得很糟糕。此外，有第3条：咚咚认为得了第一名的小男孩名不副实，老师作为评委打分不公正。他希望这些让他遭受不公平待遇的“坏人”能得到惩罚，所以他才会回家向妈妈告状。咚咚的委屈、愤怒的情绪不是因为真的不公平，而是源自他的认知。

实用技能四：识别情绪

早在20世纪70年代，心理学家保罗·艾克曼(Paul Eckman)就确定了快乐、悲伤、愤怒、惊讶、恐惧和厌恶是人类的六种基本情感。

保罗·艾克曼认为，这些情感在所有人类文化中都是普遍存在的。而2017年的另一项研究表明，人类的基本情感比之前认为的要多得多。在《美国国家科学院院刊》上发表的一项研究表明，研究人员确定了不同类型的情绪。

我们可以试着识别自己的情绪。虽然情绪一词被认为是我们每天都会出现的正常生理状态，但是我在咨询室中往往发现，出了问题的家庭，请他们描述情绪时，他们更多的是在评理或者说事，却并不会清晰说出他们的感受和情绪。所以表达情绪这种看起来简单的事情，要做到却并没有那么容易。

如果你也出现了类似的情形，你可以使用几个办法来帮助你。

情绪分类表

快乐	悲伤	恐惧	厌恶	愤怒	惊讶	其他
期待	伤心	胆怯	妒忌	恼火	震惊	焦虑
庆幸	痛苦	害怕	反感	生气	好奇	后悔
痛快	担心	惊吓	可恶	气愤	警惕	内疚
喜悦	悲伤	恐怖	憎恨	气馁	无奈	心寒
幸福	心酸	紧张	窝火	厌倦	纳闷	孤单

第一种：你不妨从表中找一找，看看自己常见的情绪是什么。看看在这六大类里，你会更多地“驻留”在哪些情绪中。

第二种：用一个简单句式帮助自己：“我感觉……”这种“感觉”就是情绪。

第三种：当你会识别情绪后，还可以为自己画一个情绪曲线图，观察自己的情绪。

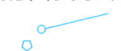

这样就可以随时了解自己的情绪，进一步探索是什么让你有了这样的情绪，还能看到这些情绪会让你做出哪些行为。经过这样的训练，才有可能逐渐管理自己的情绪。

了解自我的这个部分，你可以暂时变身为“科学家”，将自己作为研究对象，用学过的方法，来观察、记录自己。先学会观察和识别情绪，后面才能管理和改善情绪。

“一日情绪观察图”是一种观察情绪的好方法：横轴是一日的时间点，纵轴是情绪的自我评估数值。在练习时，你可以选择一种你最想管理的情绪来观察。比如，你观察自己的“焦虑”情绪，焦虑分值在0~10分之间，在早晨8点时，自我评估一下分值，在相应的位置做一个标记。以此类推，在一天中的其他时间做同样的评估。一天结束后，把这些标记用线连接在一起，就构成了你自己一天的“焦虑情绪曲线”。这种方式能够帮你从负面情绪中暂时抽离出来，做出客观的评估，也能使你更直观地面对自己的情绪动态。

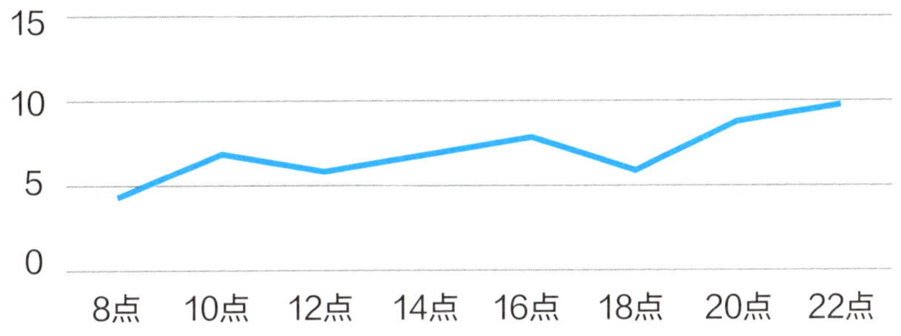

一日情绪观察图

实用技能五：“个体标签”

在心理咨询中经常用到一个词叫“贴标签”，是指把自己的主观判断强加给别人。“贴标签”显然是不好的，但我在这里提到的“标签”则是一个客观中性的词。比如当你打算购买一件衣服，首先会通过标签了解衣服的材质、尺寸、产地等等信息，这些信息会帮你做出决定。

人也一样，在他人眼中，我们都有一些相对稳定的评价，比如说她很漂亮、他很智慧、他脾气很大、他说话很直、她的声音很柔和，等等。一个人在社会情境中，就是通过这些特征被他人认知。我把跟人们自身相关的这些特点比喻成“个体标签”。

当然，生活中有些人的“个体标签”相对客观，有些可能和我们相关性并不高，有些是阶段性的，有些会伴随一生，有些则会通过学习和工作需要增加或者摒弃。正是这些多样化的标签，展示了每个人丰富的独特性。比如：我以前爱扮酷，表情比较冷，现在天天跟孩子在一起就变得爱笑了。而大家说起欣欣，总会说“她每天乐呵呵儿的”。笑是不是就像她的标签？

现在你尝试总结一下，这几章一直出现的四个小朋友，他们的“个体标签”分别是什么呢？把你能联想到的关键词，填在下面的表格中，看看你为他们贴上了多少标签。

名字	个体标签（举例）	个体标签（我的想法）
乔乔	小提琴、内向……	
娜娜	叛逆、奇装异服……	
优优	文静、爱学习……	
咚咚	贪玩、淘气……	

现在请你想一想：在你的家庭中，你有没有给你的孩子贴过标签？如果贴过，是哪些内容呢？

接下来，我们来建立自己的“**个体行为标签**”。

20世纪70年代，美国加州大学洛杉矶分校的心理学教授艾伯特·麦拉宾(Albert Mehrabian)指出：在人们进行语言交流时，有55%的信息是通过视觉传达的，比如手势、表情、外表、装扮、肢体语言、仪态等；有38%的信息是通过听觉传达，如说话的语调、声音的抑扬顿挫等；剩下只有7%来自纯粹的语言表达。后来的科研成果也表明，在人类所有的感知信息中，视觉信息占到了83%以上。这个定律在后来不断完善之下成为目前最常用的沟通定律。

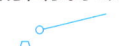

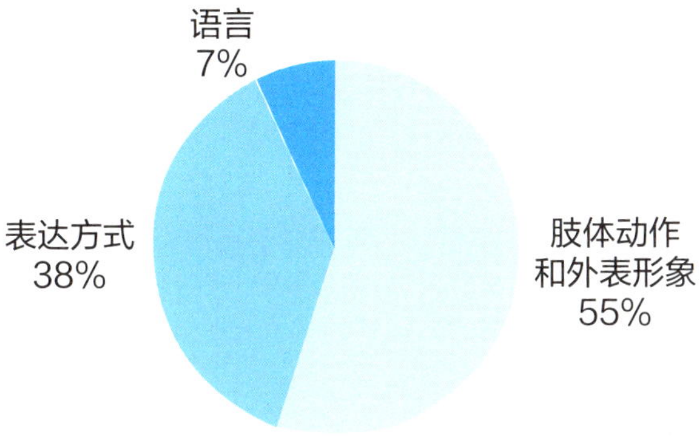

所以，外在的行为能更直观地表现一个人的特点。建立你的“个体行为标签”，能帮你更加稳定地展示自我并被他人理解。

行为比语言更有力度，在家庭中，如果希望孩子能够感受到你的爱，哪些行为是有效的呢？你可以用这些爱的行为，建立你的“行为标签”，传递爱的信号。

实用技能六：做“有助的行为”

高能量姿势

前文介绍了美国社会心理学家Amy 在“你的身体语言塑造你是谁”的TED演讲中，提到过Power Posing（高能量姿势）。正如Amy 所言，高能量姿势能让人们变得更有信心与力量。

Amy团队通过研究发现，高能量姿势通过改变个体大脑的化学物质，对人

积极而有力量的非语言信息

的情感和行为产生巨大影响。

她让研究对象摆出图中神奇女侠、权力、胜利者这三种姿势。两分钟后测试他们的激素水平，发现人们的睾酮水平上升，风险承受能力显著增强，而皮质醇（另一种压力荷尔蒙）水平下降。Amy团队得出的结论是：即使是一小段时间，在行为上改变我们控制自己的方式，也能改变我们对自己的态度和信念，让我们感觉更强大、更自信。

你也可以根据下面的建议，在生活中尝试一下高能量姿势。

- 给自己两分钟独处的时间；
- 找一个私密的空间，最好有一面落地镜子；
- 尝试这些有力量的姿势，找到自信的感觉；
- 选择一个自己感觉更有力量的姿势来练习。

当然，如果你想让孩子变得更加自信，也可以和孩子一起来“玩”这个游戏，分享彼此的感受，这也是很好的亲子时光！

积极的自我暗示

在电影《国王的演讲》中，男主人公约克郡公爵胆小怯懦，说话口吃，每次在公众面前发表演讲都紧张到不行，总是出丑。他无法在公众面前发表流畅的演讲。最后经过语言治疗和妻子的帮助，他才慢慢克服了心理障碍。

转机出现在乔治五世驾崩，他临危受命，成为乔治六世。他发表了著名的圣诞讲话，在这场国王的演讲中展现出强大的感染力和个人影响力，极大地鼓舞了当时二战中的英国军民。

当然这不是一天做到的，他经历了非常艰难的训练。在训练中他告诉自己和医生："我的话举足轻重。"正是这种积极的暗示，才帮助他克服了障碍，重拾自信。

所以，做某些事情之前先告诉自己："我很重要，我很有能力，我可以做到，我能克服困难……"积极的自我暗示，会影响你的感知和行为，帮你得到想要的结果。

实用技能七：用"三分生态系统"思维方式

"自我"的重要外部系统包括家庭及家庭成员。你深入了解自己的认知、情绪和行为的特点，可以帮助你用同样的方式理解其他家庭成员，也会发现这些特点在人生重大选择中将起到决定性的作用。

所有的家庭成员都是独立的个体，也就有自己独特的个性。每当家庭面临重大事件时，就会突显出家庭成员间不同认知带来的矛盾，因为在对重大事件进行决策时，由于认知差异而导致的结论差异就会被格外突显出来，这种不同也会引起更大的情绪反应。

例如：高考过后，选择大学的标准是什么？谁来选？满足了谁的愿望？选择以后谁去学习？铺垫了谁的人生？

再如：小升初，择校还是顺其自然？哪种学校比较好？哪种教育方式更好更长远？要不要报辅导班？

家庭总在面临各种各样的选择，这样的家庭决策会持续存在。当家庭成员意见不一致时，要如何来协调呢？不是东风压倒西风就是西风压倒东风？还是家庭成员一起努力，共同提出决策？

推荐你使用“三分生态系统”的思维方式。家庭成员一起，共同对一件事情系统内的几个子系统开展研讨，从“身心育”三分入手，共同得出决策。这个决策就不会因为一个人决定而导致另一个人负气，也不会因为是父母的决定而导致孩子的不满。更重要的是，当这个过程展开时，你会发现也许其他成员跟你的意见不同，但也有道理。

如此一来，家庭中因为观点不同而带来的负面情绪将会大大降低，良好的“情绪—行为—认知”，也将会是一个健康的循环。

当你了解了你的重要外部系统，再去思考如何对待其他家庭成员将会更恰当。

真知道拼图

现在，我们来回顾本章的知识要点。请在对应的拼图里涂上相应的颜色：红色=非常好，黄色=基本掌握，蓝色=继续努力。

第一块，理解“经验自我”和“纯粹自我”。

第二块，“从众心理”对自我认知的影响。

第三块，运用七种实用技能来加深对自我的认识。

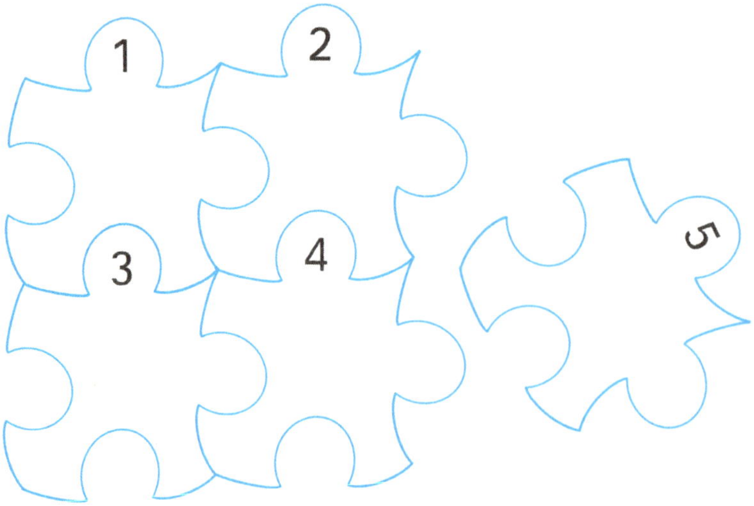

【读个故事停一停，然后请你评一评】

前不久，乔乔的班主任向乔乔妈妈反映，乔乔在班里总是独来独往，好几次小组活动都缺席，希望乔乔妈妈能够和儿子做一下沟通。

妈妈知道后向乔乔提起此事，乔乔表示班里的男生下课了就一窝蜂跑去篮球场打球，总是弄得一身汗，他很不喜欢。要不然，那些男同学就是聚在一起讨论游戏、电影，而自己平日里除了学习就是拉小提琴，不喜欢打篮球，也没玩过多少电脑游戏，和班上的男生压根没有共同话题。他不愿意过于讨好别人，同时也觉得那些男生平时吵吵闹闹，没什么内涵，所以一直以来自己也不想交这种朋友。

乔乔的爸爸听到这话很不高兴，他觉得儿子就是被妈妈给惯坏了，个性过于清高不说，还一点男子气概都没有，弄到现在连朋友都不会交，乔乔一定要走出舒适圈，尝试新事物，努力做出改变才行。

而乔乔的妈妈则不这么认为，她认为乔乔这样没什么不好，朋友必须要讲究质量。儿子的“清高”反而是他对自己高要求，是艺术家特质的体现。乔乔做自己就好，没必要为了迎合老师的要求，而特意去改变自己。

这件事，你怎么看？你觉得乔乔该怎么做？（请根据本章所学，写下你的看法。）

“T.E.S.”探索表

三分着手点	你会怎么做？	有助的行为
身		
心		
育		

第六章 外看他人，内看自己

关系是影响一个人幸福感的重要因素。帮助自己在家庭中、职场中、社会中建立更良好的关系，满足自己更高层次的需要，提升幸福感。

欣大侠的小故事

我时常会在教育欣欣的过程中反过来被她教育。

比如，有一天我们一起看书时，我借机教育她："欣欣，我突然有一种发现，少年时生活贫瘠和简单的人，会有更多的时间去观察，产生出更多的想象力，写出好的文字。"

欣欣想了想，问道："比如呢？"

我赶快举例："比如莫言、路遥、贾平凹……"

我以为这是一个给小丫头进行教育的好机会，没想到欣欣立马反问："巴金呢？"

我被她的问题问得愣了一下，仔细回忆了一会儿，回答："不是。"

听见我的答案，欣欣来了劲头，又接着问："那冰心呢？茅盾呢？"

这会儿，我开始有些尴尬了，"好像也不是。"

对话进行到这里，主动权已经不在我手里了。

见我语塞，欣欣拍了拍我，语重心长地说："妈妈，你看到了吧，你结论下得太快了！另外，才华并不是评价人的唯一标准，心理素质也是很重要的。再有才的人，心理不健康也不行啊！比如海子，哪怕作品再有影响力，不也年纪轻轻就自杀了？所以啊，不论贫富，家庭教育最重要！"

没想到打算上课的人却反被上了一课。

面对欣欣小老师严肃的眼神，我只能心悦诚服地说："你说得很有道理！"

故事汇

孩子就是我们的镜子，其实不仅是孩子，我们亲密关系中的每一个人都是我们的镜子，有人折射出我们的行为，有人折射出我们的欲望，有人折射出我们的控制，有人折射出我们永不放弃的追求。

古语有言：以人为镜，可以明得失。身边的每一个人，都会以不同的角度，或多或少反映出我们本质的一部分，而他们身上不管长处还是短处，也总会有值得我们学习或者借鉴的地方。

作为父母，教养孩子，很多时候并不是一个单向的行为。每一次，在家长试图教育孩子的同时，孩子的反应其实也是一份父母自身对于生命、社会和家庭这场大型考试所递交的答卷。

如果孩子脾气暴躁，不高兴的时候嘴里时不时会冒出一两句不太干净的话，比起马上责骂孩子，不如先进行一下自我反思，是不是自己平时和配偶吵架时，也曾同样情绪上头，口不择言地破口大骂过?

如果孩子性格孤僻，迟迟交不到朋友，比起嫌弃孩子性格古怪，不争气，不如想想是不是孩子所处的家庭环境中，并没有教会他如何和另一个人建立友好的亲密关系。

承认自己并不完美，接受来自孩子的教育，对于当代父母来说，往往不是一件很容易做到的事。然而，想要真正走进孩子的内心，一味端着“大家长”的全套行头，这种行为时常让父母事倍功半，很多时候这么做只会拖住你探索的脚步。相反，走下“神坛”，平视孩子，并不会失去权威，你的尊重反而会鼓励孩子敞开他们沟通的大门。

就像我和欣欣，因为我并不排斥被女儿教育，甚至欣喜于她能有不同于我的见识，所以我的态度鼓励她随时畅所欲言，大胆地展示自己。我和欣欣一直以来开放平等的母女关系，为“欣欣讲堂”提供了生存发展的土壤。

如何在生活中建立一段良性的人际关系，这将是本章的核心。下文我将重点讨论人生的三个重要环境：家庭、职场以及社会，同时分析这些环境是如何影响人，而人与人之间又是怎样建立起一段关系的。

你真知道吗

每一分每一秒，一个人的身边都发生着人际和社会关系的变化，可能是一段新的关系的建立，也可能是一段旧的关系的终结。那么，对于围绕在你身边的这些形形色色的人和事，你对他们到底了解多少呢？

序号	关于关系的问题	我的思考
1	关系是越近越好吗？	
2	什么样的人会吸引我？	
3	什么样的关系是更适合我的？	

是什么

你知道“关系”是什么吗？

在中国古代文字中，“关”字是一个象形文字（如下图）。

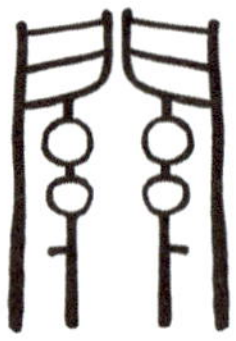

关的繁体字“關”，看上去就像一扇用一根木头拴住的大门。《说文解字》里解释：關，以木横持門戶也。《新华字典》中对“关”字的解释为牵连，联属的意思。比如，关联、关心、关涉、关乎、关注、关于、有关，等等。这些都是近代对“关”的使用。

再来看中国古代文字中的“系”字，它也是一个象形文字（如下图）。

甲骨文“系”字，字形上面是“爪”，下面是“丝”，本义是悬、挂。《说文解字》中解释：覆手曰爪，丝悬于掌中而下垂，是系之意也。《新华字典》中解释的是：有联属关系的，如系统、系列、系数、水系；或者有联结，系绊、维系等等。

如果从中文的两个字来看，既有联系又相对封闭的状态，才是关系。因而，“关系”这个词的中文解释是指事物之间相互作用、相互影响的状态，或者指人和人或人和事物之间某种性质的联系。

所以在我看来，关系的结果是相互的，是有联系的。

《牛津英文词典》中解释关系（Relation），是指两个或两个以上的概念、物体或人连接的方式或者状态。

我们在中英文对“关系”一词的解释中可以感受到，“关系”至少是在两个或者两个以上的人和事物之间才会发生。对于个体关系来讲，最重要的是人和人之间的关系，就是人际关系。

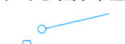

社会学将人际关系定义为：人们在生产或生活活动过程中所建立的一种社会关系。心理学将人际关系定义为：人与人在交往中建立的直接的心理上的联系。

关系没有好坏、优劣之分，而是一种需要，有的人喜欢被拉着前行，有的人喜欢在一个空间又各自独立，也有的人喜欢朝同一个方向、亲密但要有一点距离。这些，都是人际关系当中的不同状态。

“T.E.S.”自我关系系统

人是高度社会化的高级灵长类动物，人类的生存离不开社会环境。小至家庭、家族、单位，大至民族、国家、世界，人们都不可避免地要与其他人发生各种各样的联结。所以本章讨论的关系系统将分别从家庭、职场和社会三个子系统中来探索自我。

黑格尔说：人必须有一个“非我”作参照物，才能了解什么是“自我”。所以你可以从关系中，通过非我的个体和不同环境系统中呈现出来的关系，更好地认识自我。这三个子系统当中，你依然可以通过“身心育”三分分类去理解。

身：家庭是人们赖以生存的空间，是人们生活的基础；

心：职场是能够满足人们生存需要和成就感的环境；

育：在社会中，人们可以通过深度参与提升自我的价值感。

为了方便理解，下面请看一个例子：

咚咚和优优从幼儿园开始就一直是同学，到了小学，咚咚更是牢牢占据了优优同桌的位置长达三年之久。咚咚的妈妈知道后，非常支持自家儿子和他的学霸同桌保持良好关系，希望优优认真学习的精神能够给自己贪玩没耐性的儿子起到模范作用。

前不久参加家长会的时候，咚咚妈妈与身旁坐着的优优妈妈相谈甚欢。咚咚妈妈夸奖优优不用人督促就能自觉学习，而优优妈妈更是羡慕咚咚身体健康，性格活泼，偶尔会感叹优优平时总是窝在家里，小小年纪就已经戴上了眼镜。

两位妈妈在教育孩子方面有着无数共同话题，很快两人的关系就变得亲密起来，平时常常会通过微信聊天，交流育儿心得。这个“十一”假期，由咚咚妈妈牵头，优优妈妈响应，两个家庭打算结伴去邻省自驾游，两个小朋友知道后，都非常高兴。

在这个例子中，两个小朋友是同学，而双方的妈妈通过各自孩子作为纽带，与对方的妈妈建立新的社会关系。两个妈妈通过这个新的关系，进一步促进两个家庭之间的交流，也许在这次自驾游过后，优优和咚咚的爸爸会发现彼此工作方面有可以合作的项目，从而在未来建立新的职场关系。而发生在家长之间的种种，又会反过来强化两个小朋友之间的联系，因为双方的父母都对对方家庭有了了解和一定意义上的认同，这样他们对两个小朋友之间的交往便会持支持的态度。

通过这两个家庭的故事，你可以看到，哪怕仅仅是两个核心家庭，六个人之间的互动，都可以马上为家庭、职场、社会三方面的多段新关系的产生提供基础。

人在社会化的过程中，关系的建立往往是在不经意间产生的，一个人身上可以同时存在着多重关系，可以和许多人有着一种关系，也可以和一个人有着几种不同的关系。有人无意间与他人产生了关联，也有人为了一段关系的建立而处心积虑；有人热衷人际交往，也有人对此避之不及。很多时候，人与人之间的关系就像蜘蛛结的网，诞生时可能悄无声息，等注意到时，你早已身在网中，成为它的一部分。

为什么

本章的主题是“外看他人，内看自己”。为什么要通过关系来探索自我呢?

哈佛大学曾经开展了一项延续了75年的成人发展研究。通过这项研究，他们了解到关系对一个人生存发展的重要性。

项目现任负责人瓦尔丁格在他的TED演讲当中说：“对人的幸福最重要的是社会关系。”

研究得出的结论是：拥有良好的社会关系对个体的健康和生活都有好处。此外，拥有良好的人际关系不仅对个体的身体有好处，同时对大脑的发展也有好处。所以，良好且积极的人际关系，是能给人带来幸福感的重要因素。

关系影响个体，还有很多有意思的心理学小实验。下面介绍一个著名的积极影响的实验：

1968年，美国心理学家罗森塔尔（Robert Rosenthal）带领着研究团队做了一个著名的实验。

实验是在一所小学里开展的。研究人员从一到六年级各选了3个班，然后对这18个班的学生进行了“未来发展趋势测验”。接下来做了一系列的问卷、观察、访谈、测试之后，罗森塔尔用赞许而权威的态度，交给了校长和老师一份名单，告诉他们名单里的孩子们是“最有发展前途”的，同时叮嘱看到名单的老师务必保密，以免影响实验的结果。8个月后，罗森塔尔和团队成员对那18个班级的学生进行复试，果然名单上的每个学生，成绩都有很大的进步，而且性格活泼开朗，自信心强，求知欲旺盛，比其他人更乐于和别人打交道。

看到这里你是不是好奇：到底什么测验这么灵？也给我们家孩子测测吧！对不起，我无法为你提供这张如此灵验的“未来发展趋势”测验试题。事实上，所谓的“最有发展前途”的名单只是罗森塔尔撒的一个“谎”，而名单上的学生只是随机挑选出来的。

这所学校里的老师和校长看到了专家结论后，得到了积极的暗示，影响了他们对名单上这些学生能力的评价。这种心理活动又通过老师的情感、语言和行为传递给学生，使学生变得更加自信、自强，所以在各方面得到了显著的提高。

把你自己代入到学校的老师身份就不难理解了。如果专家用看起来很严谨的方法研究以后，给你一个名单，并告诉你“班级里的这些学生是‘最有发展前途’的人”，你看待他们会有什么样的不同呢？当他做得不太好时，你可能会觉得“是人总会犯错误的”；当他做得还不错时，你会觉得“看看，他就是最有前途的”。总之，无论怎么样，你都觉得他的确很有潜力。带着这样的预设判断去看一个学生，一定是连目光都会更柔和了。

从这个实验你可以看到，罗森塔尔的专家结论发挥了巨大作用。

再设想，如果有一位权威的专家，见过你的孩子后，说你的孩子天赋异禀，以后会有很大的发展前途，或者告诉你孩子有某种局限，不容易获得成功，你的反应会不会不同，会不会影响到你对待孩子的言行呢？这两种不同的状态，是否也会带来不同的关系呢？

这个实验的结果说明：人会因为外在的信任、期望、积极的反馈而产生积极的变化。

在人际关系中，如果我们给予对方更积极的反馈，就会让他们感觉到被认可、被关注，并油然生出更多的价值感和自豪感，这会让他们进一步做出更符合期待的行为，这又反过来强化我们的期望。

后来，人们把这类使人们行为发生和期望趋于一致变化的情况称为“罗森塔尔效应”，也叫期望效应。

这个实验可以证实人们的积极期望与爱，能够对关系的对象起非常重要的正强化作用。反过来，关系中的重要客体对人们的期望和爱，也能使人们变得更积极。

来看一个例子：

乔乔在很小的时候就展露了他的音乐天赋，但是他对于音乐的喜爱却不是一开始就有的。在他四岁的时候，他在妈妈的房间里发现了一把小提琴。那时候，在乔乔的眼中，这把对他来说有些大的小提琴和客厅的积木、小火车等其他玩具并没有太大区别。但是当他举着小提琴，学着电视里大人的样子，对着妈妈磕磕绊绊拉出了几个像是驴叫又像是锯木头一样的音节后，妈妈惊喜地抱着他直呼“乔乔真棒”“我的儿子是天才”。妈妈的鼓励让幼小的乔乔十分振奋，很快，乔乔对小提琴这门乐器产生了兴趣。

乔乔的例子很好地展示了期望效应的作用，正是因为妈妈对他第一次尝试性的演奏做出了非常正向且积极的反馈，才让乔乔在后来走上了音乐的道路。若是当初乔乔的妈妈听到乔乔拿着小提琴“锯木头”时不耐烦地批评他：“真难听，简直是在制造噪声，快别拉了！”乔乔还会对小提琴产生好感吗？

在古代社会中，当遭遇恶劣天气或不可抗力时，人们也会通过各种仪式祈愿，比如祭天、求雨、拜神等等。

在民间传说和神话中，人们强烈的祈愿经常会引发奇迹：

古希腊神话中，塞浦路斯有一位国王，名叫皮格马利翁。他不仅是国王，还是一位雕塑家，他精心地用象牙雕塑了一位美丽可爱的少女。他对这尊雕塑非常满意，后来，他竟然对自己的作品产生了爱慕之情。于是他每天去看这尊塑像，对它倾诉衷肠。久而久之，他的热情和渴望打动了雕塑。最终，这尊雕像真的变成了一位美丽的少女，后来成了他的妻子。

由此可见，人们对真诚关系的重视，认为真诚和意愿不仅能改变一个人，还能赋予冷酷的顽石以灵魂和血肉。

然而，“期望效应”并非所有人都能运用自如。

人们时常在关系中会听到有人说：“你有话不会好好说啊？”指的就是听到对方负面的指责或批评。因为相比闪光点，人们总是更容易看到别人，特别是孩子身上的“缺点”。这里的缺点当然要加个引号，你阅读了前面孩子的发展规律，了解了个体的差异性以后，就明白很多事情孩子真的做不到，也不可能每个人都能做到像你的优势一样好。

我认识这样一位朋友，他在某些方面特别优秀，只是有一点我始终难以接受：此人的舌头简直像是泡在毒液里的。每次和他谈话，这位朋友总会用他犀利的言辞毫不留情地直戳我的要害痛处。虽然他的批评往往是有的放矢，但是由于表达方式过于扎心，哪怕我心里明白忠言逆耳的道理，也实在不想体验这么虐的自省方式。

就连我这么心理强大的人，每次谈话结束后都要花一段时间为自己做心理上的灾后重建，更不要说与他朝夕相处的家人了。可以想象一下，他的孩子从小到大都伴随着这种360度无死角全方位毒液喷洒式的评价，这种成长经历会对孩子的心灵造成多大的打击和影响！

如果你的身边也有这样的人，你会跟他建立良好亲密的关系吗？

在家庭成员的争吵中，每个人都觉得自己有道理。这非但不能说服对方，反而让两个人都处在负面情绪中难以解脱。

知道了这些，当你再忍不住指责他人的时候可能就要想一想，你的指责是否合理。给自己一点时间，思考一下除了批评和指责，还可以做出怎样不同的反馈才能促使关系中的对象产生更积极的行为。

如果想建立好的关系，如何对待别人很重要；如果想被很好地对待，如何激发对方也很重要。所以，我认为，虽然关系是指两人或多人的互动，但根本上，我们自己才是关系真正的控制者和主宰者。

大家可以选择生活中最平常的一件小事来做一个试验。

明天吃完晚饭，你让孩子或者先生擦桌子，并且观察他的反应，然后悄悄地从0~5给他打一个“意愿分”。很不乐意，打0分；特别乐意，打5分。擦完以后，你就马上惊讶、真诚又不失分寸地说：“你擦得真干净！”也可以是其他夸奖的语言，注意不要太夸张。再注意观察对方的情绪和反应，依然按0~5把分值记录下来。

接下来的一餐饭后，你继续提出要求，邀请他擦桌子，还做同样的观察并把提要求时的“乐意分”记录下来。擦完后，你可以随意挑个毛病或者指责两句，再把他的反馈记录下来。

然后，第三顿饭后，你继续提出擦桌子的要求，只需要观察并记录提要求时对方的“意愿分”就可以了，最后拿这几个分值做一个对比。

“T.E.S.”关系影响因素记录表

事件	第一次提要求时	第一次行为后积极反馈时	第二次提要求时	第二次行为后消极反馈时	第三次提要求时
意愿或情绪分（0~5分）					

做这个练习要注意：

1. 选一件经常发生的小事情，因为小事情中的影响因素比较简单，更容易观察到我们需要的项目。

2. 表达的时候要真诚，这里指的是夸奖的时候也真诚，批评的时候也真诚，否则就达不到试验的目的了。

3. 最后观察一下这个表格的分数变化，看看你的言行在多大程度上主导了关系的走向。

娜娜一家也做了这个小练习。

趁着放假，娜娜的妈妈动员全家进行大扫除，爸爸被分配擦玻璃和拖地的工作，而娜娜则需要把她自己的房间弄干净。等到中午初步验收卫生成果时，娜娜妈妈虽然还是不太满意，但是这次她没有发脾气，而是夸奖父女俩工作认真，父女俩果然乐得屁颠儿屁颠儿的，接下来还不等妈妈发话，就开始主动干活了。

下午，妈妈用相对平和的态度指出两人搞卫生时马虎的地方，比如“客厅地板上还有头发没清理干净，应该先用吸尘器把头发吸走，再用墩布拖地”，“娜娜虽然把地毯给吸了，可是电脑桌和窗台上的灰忘了擦”。被指出问题后，父女俩撇着嘴不太高兴，娜娜还嘀咕：“不是说我干得不好吗，那还让我干什么？”不过娜娜的妈妈发现，下午父女俩干得比上午要更认真了，爸爸记得先用吸尘器吸完再拖地，而娜娜也拿上了抹布，把她房间各处边边角角都擦了一遍。

晚餐前，妈妈突然接到了单位领导的电话，通知她由于其他同事在处理数据时发生了一些小意外，临时要求整个办公室明天都要加班。说好的假期突然取消，娜娜妈妈一时心情低落又愤怒。

这种糟糕的情绪一直伴随她到了晚上。吃饭时一家人坐在餐桌前，娜娜爸爸略显得意地向妈妈展示他和女儿一下午认真工作的成果时，妈妈口气恶劣地说：“一整个下午，你们爷俩就擦了几块砖也好意思显摆？你说你们俩干个活儿，上午丢三落四，下午磨磨唧唧，真是……”

妈妈絮絮叨叨发泄了一通，没注意到餐桌上爸爸和娜娜的脸色很不好看。第二天早上，妈妈将清理厨房的任务交给父女俩。可谁知妈妈一出门，爸爸就带着娜娜出门玩去了。在玄关换衣服的时候，爸爸还和娜娜说：“反正这卫生咱俩不管怎么搞你妈都不会满意，落不着好还要挨批，何必呢？还不如咱爷俩趁你妈不在出去看场电影！”

可见反馈是相互的，包括主动寻求反馈和主动给予反馈。不论是表扬还是指出问题，真诚的反馈都对最终的结果有着促进作用。

但如果表达中全是消极评价且带有负面情绪色彩，则会对关系产生破坏作用。

通常，积极的反馈更能获得积极的关系。但是有人可能会说，我家孩子根本没有优点，我夸不出来。或者说我看他就是做得不好，我怎么夸呢？

为了更好地解答这个问题，接下来，请你进入本章的第三部分——实用技能环节。

怎么办

实用技能一：人际关系的白金法则

“你希望别人怎样待你，你也要怎样待人。”这句话被西方称为人际交往的“黄金法则”。类似的说法，我们中国也有。《论语》中有一句名言：“己所不欲，勿施于人。”这些都是大家耳熟能详的人生定律。

下面介绍一个更深刻的、更高层次的人际交往法则——“白金法则”：对待别人就像他们希望你对待他们的那样。简单说就是：以他人希望被对待的方式对待他们。

比如，我喜欢吃辣，我先生不吃辣。他喜欢清淡，觉得这样吃更加健康而且保留了食物原本的味道。于是，他做的饭我感觉淡而无味，提不起食欲。而我的妈妈和婆婆也不吃辣，但她们每次做饭都会给我做一道辣的菜。在这里，妈妈们就无意中使用了“白金法则”。

人际关系的白金法则

通过这个例子，你了解到，如果使用“白金法则”，就要以他人希望被对待的方式那样对待他，这就意味着你必须要先弄清楚别人到底想要什么。

怎么可以弄清楚别人到底在想什么呢？

最简单的办法就是观察思考。比如：图中男生想跟女生搭讪，可他不知道女生此刻的心情怎么样，于是他的头脑里就浮现出无数种可能，并试图在其中找到自己认为对的那一种。

在现实的人际互动中，人们经常“自动”地根据自己的经验做出“我认为……”的判断。事实上，除非你非常了解对方，这种“自动”得出的判断大多和人们的经验有关，而和眼前的事实会有出入。

晚饭后，优优的妈妈正在厨房洗碗，听到女儿卧室的床上有声音。优优妈妈最担心的就是女儿的眼睛，总是担心她用眼过度。她听到了声音，就自动判断优优在床上看书，于是就高声提醒女儿：“嘿，优优，你又躺床上看书，这对眼睛不好！”

马上，从卧室里就传出了更高昂的声音：“妈妈，你别冤枉我！我在做仰卧起坐！”

许多父母会有类似的经验，人们的“自动反应”往往会让孩子觉得父母其实一点都不懂他们，不关心他们，这会使亲子间的关系变得脆弱、疏离。尤其是在孩子青春期的时候，他们需要更多的认同、尊重与关怀，对父母、亲人在“白金法则”方面的要求就更高。

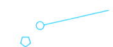

因而，送给你一个简单好用的沟通方法“T.E.S.简洁沟通二重奏”，只有两个要点，就是：询问+确认。

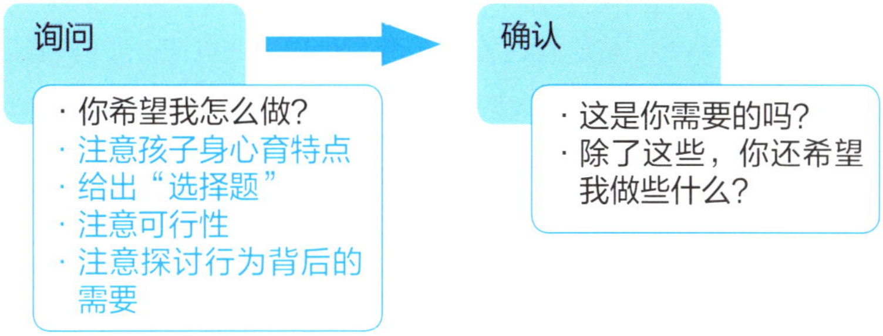

T.E.S.简洁沟通二重奏

这个方法你可以在家庭中的各类事件中广泛使用。比如：当你发现和孩子的沟通达不到想要的效果，你就可以这样问他：“你希望我怎样做呢？”当你按照他想要你做的那样做了以后，你可以再进一步和孩子确认：“妈妈这样做是你想要的吗？除了这些你还希望我做些什么呢？”

在第一个环节，请你注意本书在前三章中阐述的孩子的特点。你可以从“身心育”三分的角度去了解孩子，并针对性地提出问题。对思考能力强的孩子，可以提出更多的开放性的问题；而对不太擅长组织语言的孩子，则可以提出更多的封闭性问题或者选择题。

你要注意孩子要求的可行性。

比如：孩子说，他希望你允许他24小时都可以玩手机。你不要生气，请你平静地问他，如果你同意了，那么他可以玩多少个24小时呢？玩够了这些个24小时以后，他还想做什么呢？你要与孩子在冷静探讨的过程中，让他们发现自己提出的要求的可行性。

此外，你还要注意和孩子探讨他们行为背后的需要。

比如：刚才孩子说，他希望妈妈让他24小时都可以玩手机。接下来，你就可以和孩子探讨“24小时”代表他的什么需要。是绝对的自由？是想争取可支配的时间？还是在表达愤怒？了解完他的需求之后，你们再进行下一步的确认。

通过“T.E.S.简洁沟通二重奏”，你就可以快速做到白金法则中的“了解他人的期待”。

你不妨选择生活中的一些小事情开始练习。

下面介绍一个“社交距离小游戏”。你可以在空闲时间邀请家庭成员一起玩。

先将参加游戏的家庭成员分成两人一组，以其中一人为“被试”，另一人做“实验者”。

1. 实验准备：“实验者”和“被试”拉开三米的距离相向而立，“被试”不动，由“实验者”移动并询问“这个距离可以吗？”“被试”回答“可以”或者“不可以”。

2. 询问：“实验者”不断向前移动，每次做相同的沟通，直到“被试”喊停。

3. 确认：停止移动后，“实验者”再次向“被试”提问：“这是你感觉最舒服的距离吗？需要再往前一点，或者往后一点吗？”

这个小游戏可以很好地帮你理解“T.E.S.简洁沟通二重奏”这个沟通方法。

你可以把每一位家庭成员的安全社交距离都记录下来，今后你也可以按照这个数值来保持和不同家庭成员的交流距离，这本身也是对“白金法则”的一个很好的应用。

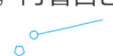

社交距离表

人物	自己	爱人	孩子	长辈
距离				

以上这些方法都是为了让你能够真正换位思考，理解他人的需要，践行“白金法则”。

理解关系中最重要的是“相互性”这个特点。如果只是一方一味地付出，另一方一味地索取，这样的关系无法长久。到银行去开一个账户，需要先存钱，才能取出钱。关系就像“情感账户”，而且是双方共有的账户，大家都投入真挚的情感，关系就会更紧密、坚固。如果账户里的情感所剩不多了，人们仍然任由破坏性的言语、行为发生，那么，情感账户就可能负债了。

所以请你运用“白金法则”去善待家人、朋友甚至是陌生人。真诚的微笑，鼓励的目光，温暖的拥抱，都可以协助你建立良好的社会关系。

实用技能二：家庭关系心先行

了解了人际关系中最基本的交往法则，我们再透过家庭中的关系来看我们自己。

依然教你一个小游戏“家庭动物园”。

现在，设想你的家是一个动物园，每一位家庭成员都是一种动物。

- 你认为在家庭中，你是什么动物呢？
- 在孩子眼中，每一位家庭成员所属的动物和我们的会一致吗？
- 为什么会有差异？

有孩子把妈妈比作母老虎，那是妈妈的什么行为和语言让孩子做出如此的评价呢？在爸爸眼中，妈妈又是什么动物呢？

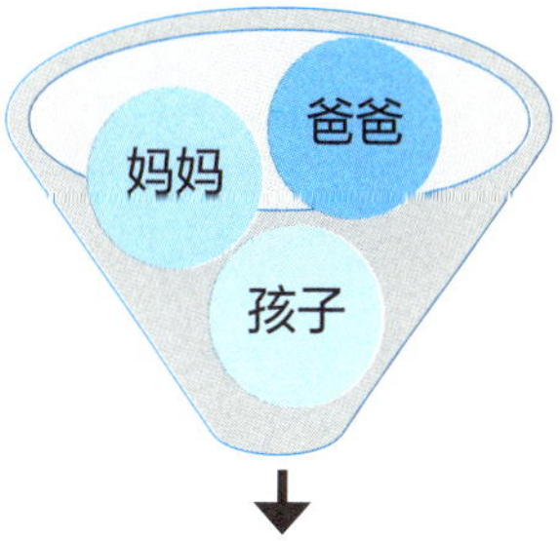

家庭动物园

你可以在家庭休闲时间里和家庭成员一起来玩这个小游戏。但要注意：

首先，你要事先让所有人明白这是游戏中的一个比喻，而不是真的说家庭成员是动物，避免游戏中的争执，让大家在轻松愉悦的氛围中做这个游戏。

其次，每一位家庭成员要分别写在小纸条上，写的过程中不要互相商量或者看别人怎么写的。

第三，所有的人都写完后，要请每一位家庭成员一一解释自己这种看法的原因。

第四，在交流看法的时候，避免家庭成员间的相互指责，以轻松、开放的态度来聆听不同的想法。

这样你就能从游戏答案中看到自己在家庭关系中的现状，了解自己在其他家庭成员眼中最突出的特点，以及是否需要进行调整。

如果出现了不是你初心的动物形象，怎么调整呢？通常人们认为，家不是讲理的地方，而是讲情的地方。因为人们把家庭当作是可以随时停靠的、安稳而温暖的港湾。但是我认为一个健康的家庭当然不能只讲情，还需“讲理”，只是这个“理”要在“情”的基础上。当家庭成员有情感、接纳、支持的时候，再设定对家庭有利的规则，才能使家成为每一个人温暖安全的港湾。

咚咚的妈妈和儿子玩这个游戏时，咚咚就问妈妈：“什么动物有两张嘴？”

妈妈想了想，回答说：“好像没有这种动物吧，最多只是嘴的大小有区别。”

咚咚：“那你就是知了，还是嘴最大的那种！”

妈妈听了有些奇怪，于是问咚咚：“为什么说妈妈是知了？”

“因为你总是不停地说！”

听了这话，妈妈有些不高兴，“你是嫌我唠叨吧。我没有知了那么聒噪吧？如果是知了，只有夏天最热的时候叫，其他时间都是安静的。我只有在看到你做事拖拉和不认真，提醒无效时，才会反复催促。咱们现在约定以后你做事提高效率，我也减少重复提醒，可以吗？”

咚咚点点头，同意了妈妈的提议，不过还是傲娇地补充了一句：“不过，还是要看你以后的表现才行！”

事后咚咚妈妈反思，通过这个小小的互动，才发现原来在儿子心里自己是这么唠叨啊，怪不得平时自己说的话儿子都当耳边风，现在想想，自己的嘱咐不起作用，是因为在咚咚听来，妈妈的话就像窗外树上蝉的叫声，都是噪声。

有了这个发现之后，咚咚妈妈决定以后一定要注意克制自己，努力做到说话简短有力，温柔而坚定，不重复，尽可能提升沟通的有效性。

如何让家庭成员的情感越来越紧密呢？这就需要你关注每一个人，看到每一个人，并积极地表达出来。这里有一个句式可以使用：“你看上去……”

比如：当你的先生发脾气的时候，不要直接怼回去说：“你不就上个班吗？我也上班，还要带孩子，还要管学习，你有什么可发脾气的？我还想发脾气呢。”

你可以试着先观察他，你可以这样对他说：“你看上去很生气，或者你看上去有点疲惫（很愤怒，很沮丧……）”

请注意，此时你表达的是你观察到的“他的感觉”，而不是你凭空猜想的。练习这个句式不仅可以帮助你提高自己的观察能力和对他人感觉的理解力，还可以很容易让对方感到被看到，被接纳，这就为你们继续探讨情绪背后的真实需要奠定了基础。

当然，学习这种沟通方式不是为了让你在家庭中委曲求全，更重要的部分是关注自己。当你看到对方的时候，也需要直接表达自己的感受。你可以用“我感觉……”的句式来表达。

- 对家人，观察发现：“你看上去……”
- 对自己，坦诚表达：“我感觉……”
- 对未来，行为明确：“我希望……”

有一天，咚咚进门就把书包往地上一扔，妈妈叫他几声也不理。妈妈内心火起，但想了想“家庭关系心先行”，就先压住自己的火气，对咚咚说：“你看上去有点生气，是不是在学校里发生了什么不愉快的事情？”咚咚一看妈妈关注到他，就喋喋不休地讲起来：“今天李泽把我的书碰掉了，我让他道歉，他不道歉，还撞了我一下。快上课了，我想还手又怕被老师看见。真是气死我了！”

妈妈了解了情况后，先理解了他的情绪，然后跟他一起探讨再碰到类似事件时怎么做更好。

最后，妈妈对咚咚说：“你刚才回来摔摔打打，叫你也不理我，这样做让我感觉你很不尊重妈妈，我有些生气，反而不利于及时帮助你。以后再有不开心，我希望你能先不发脾气，还像刚才那样跟我交流好吗？”

咚咚获得了妈妈的帮助和支持，愉快地答应了。

这种方式不仅可以帮助你更加关注到自己的感受，还可以帮助你释放出情绪中负面的能量，而不是把它们积压在心里，越想越生气，越想越委屈。

同时，“我感觉……”这样的表达也会让他人知道你的感受、你的底线，甚至你的禁忌。

当别人无法通过你郁闷的表情了解你真正的需求时，记得用这个句式坦诚表达自己的感受和需要。只因为，你自己才是关系的主宰者。当你可以用建设关系的沟通方式来表达的时候，你就会渐渐拥有自己希望的阳光生活了。

实用技能三：职场关系事先行

职场中的关系和家庭中的关系恰恰相反，要首先以理服人，就事论事。

职场就是浓缩的社会，依托的大多是企业。企业是一个经济学名词，指以盈利为目的，运用各种生产要素，向市场提供商品或服务，实行自主经营、自负盈亏、独立核算的法人或其他社会经济组织。

这样的经济组织存在的最大目标是存续和发展，而不是个人的情感依托，所以大家有时会吐槽职场是结果导向，没有人情味儿，等等。但这恰恰是职场的需要。比如：每个企业都有大目标，分解到每个部门有小目标，再分解到个人还有具体目标，就是岗位职责。

如果不按照既定的工作规划，每一个步骤都以个人情感为考虑要素，那这些工作目标怎么可能如期完成呢？职场中，大家的工作齿轮环环相扣，才能使企业这个大机器运转起来。

当你了解了这些原则以后，可以去看一看在这两个关系当中，自己的定位和期待是否合理，边界是否清晰。是不是在家里想讲理，在单位又想要情？那些不合时宜的需求会给你带来什么？相信这些思考会帮助到你的行为。

为避免在职场中角色混乱，你可以通过两个方面来进行梳理。

对同事清晰结果：具体确认

· 确认每位合作方都想要达成的目标

· 需要的工作结果

· 结果提交的时间

· 需要同事提供的资源

对自己结果导向：自我增值

· 清楚职场的本质

· 明确自己在职场中的定位

· 思考自己和职业的关系

通过这两个角度的整理，你就能够很好地达成既定目标，完成任务，实现在工作中做到自我增值。每一个人在职场中要明白自己的能力、需要和想要的发展，明明白白地工作。这样，你在跟别人合作时，也会获得更多的支持、配合，社会关系就会更稳固，提升自我价值感。

实用技能四：社会关系看自我

人们在社会中，会扮演不同的角色，也会接触到不同的人。在孩子的老师面前，你是家长；在购物时，是顾客；去不同的场所办事，是客户；与朋友相处，是友人；开车上路，是司机；等等。在社会中，每个人扮演着无数个随时随地变化着的角色，与周围的人产生众多复杂的关系。这些关系又是怎么表达你的自我呢？

老师在班级群里发一个通知，你会发现有人总是积极回应，有人总是跟在最后，有人总是默不作声很少回应。

去银行办事，客户多，业务慢，有的人可能会先离开，等人少的时候再来，有的人可能耐心地等着，有的人则很不满意，可能会跟工作人员直接吵起来。

司机开车在路上发生了剐蹭，有的人下来就大吵大闹甚至动起手来，有的人冷冰冰地拍照打电话，有的人很紧张，还有的人想跑路……

你会是这“众生相”里的哪一副面孔？

每个人的价值观不同，在社会事件中就会有不同的行为表现。观察这些社会关系中的复杂面孔，可以帮助你来理解自己。

荣格说：“每件促使我们注意到他人的事，都能使我们更好地理解自己。”

父母对孩子的了解往往是有局限性的，哪怕是和孩子关系再好的父母，仅凭孩子在家庭中的表现来评价孩子，都会错失孩子很多在其他领域的重要信息。

娜娜的妈妈一直觉得女儿特立独行的行为会使她交不到朋友，可是参加了一次家长会后，通过和其他家长交谈，以及自己观察，妈妈发现，娜娜在班级里居然还颇有人气。

娜娜性格强势，行事作风张扬，在班级乃至整个年级里都属于能叫得上名字的那一类学生。

虽然一部分女生不喜欢娜娜，但是也有一部分女生觉得娜娜敢公然和老师呛声的举动很酷，平时叛逆的打扮又美又飒，相当有个性。此外，娜娜本人很“社会”的处事风格引得一众小女生很崇拜她。对待自己的追随者，娜娜也表现得义气，是个称职的“大姐大”。而大部分男生则觉得娜娜虽然学习成绩不好，可是每次学校举办文艺活动，娜娜都是舞台上最亮眼的那一个。外加上娜娜本身外貌条件不错，自己又比同龄女生会打扮，班级里有相当一部分男生对娜娜抱有好感。

在老师眼里，娜娜是个令人头疼的学生。班主任老师这样评价她：娜娜是个聪明的孩子，只是对学习不上心，但是却不是个坏孩子。

这些来自各个方面对于娜娜不同的评价，打破了妈妈心中“娜娜不听话，脾气暴躁，爱发脾气，肯定处不好人际关系”的印象，这让妈妈十分惊讶。

对家长来说，你的孩子可能也像娜娜一样，在朋友和老师面前，会展现出他在家庭中一直隐藏起的另一面。

家庭生活中你能观察到的或许只是孩子的一个侧面，仅凭孩子在家庭中的表现就对孩子下判断是片面而武断的。想要更好地和孩子沟通，需要多方位地了解自己的孩子，就像是拼拼图，也要尽可能多地收集各个碎片，才能看到属于孩子这幅图像的真面目。

三分生态系统思维看关系

要做关系的主人，取决于你自己到底想要什么样的关系。你可以通过三分生态系统的思维方式，明白自己内心的需要。

· 身：客观存在

你的身体、家庭关系、职业环境有哪些特点？

· 心：心理需求

你的心理、追求、幸福感、成就感有哪些需求？

· 育：社会发展

你是否掌握了建设良好关系的技巧，具备在社会中建立关系的能力？

只有系统客观地认识自己，再决定使用什么方法才是有效的，否则就是文不对题、药不对症，反而让自己失去信心。所以，无论学习了什么样的技巧和方法，最终请记得：这些都是首先为你自己服务的，只有适合自己的方法才是好的方法。

真知道拼图

现在，请你来回顾本章的知识要点。请在对应的拼图里涂上相应的颜色：红色=非常好，黄色=基本掌握，蓝色=继续努力。

第一块，了解“关系”的定义和分类。

第二块，了解“人际关系”对探索自我的作用，以及不同关系会对人造成不同的影响。

第三块，学习利用各项实用技能来构建和谐人际关系。

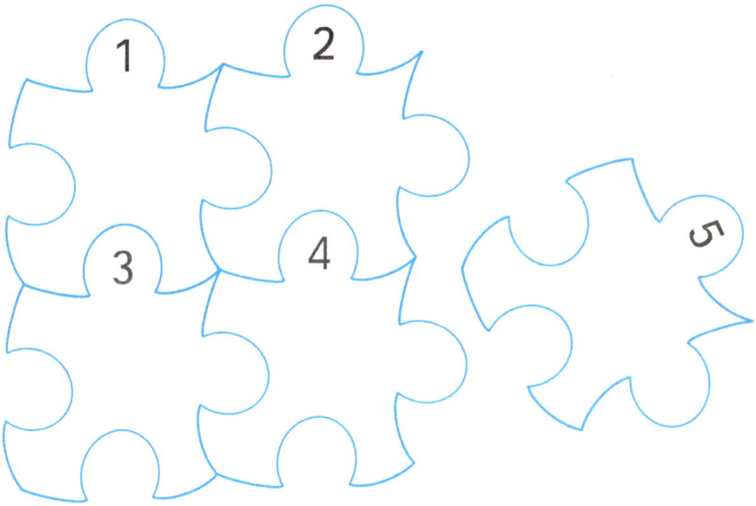

【读个故事停一停，然后请你评一评】

这天，乔乔从学校回家后明显情绪不佳，妈妈觉得不太对劲，反复追问下，乔乔这才告诉妈妈今天在学校他和同学发生了冲突，然后被老师叫到了办公室。

对于和他发生冲突的这名男生，乔乔的妈妈依稀有些印象，是一个长得高高壮壮的体育特长生。在此之前这名男生一直就看乔乔不顺眼，通过班里的八卦，乔乔猜测这名男生对自己有敌意的原因，可能是该男生心仪的女同学之前向乔乔表示了好感，然后被乔乔拒绝了。

打那之后，这个男生就一直和乔乔过不去，常在一些小事上为难乔乔。一开始，乔乔虽然不太高兴，但是懒得和该男生计较，可是渐渐地，可能是看乔乔对这种欺负行为没有反应，该男生后续的小动作开始逐渐升级。

乔乔的不满一直累积，终于在今天两人在走廊里相遇，该男生故意用肩膀撞向自己时，乔乔爆发了。他停下来，愤怒地推了一下这个男生，然后两人就发生了口角。在两人的矛盾即将上升为肢体冲突时，得到通知的班主任老师赶到了现场。老师制止了两人，并将他俩一同叫到了办公室。

乔乔本来以为老师会主持公道，可谁知老师在这次事件上采取的态度是各打五十大板。乔乔和老师说了此前自己一直被这个体育生针对，老师却说“男孩子嘛，日常有些摩擦很正常”，并没有把乔乔的控诉放在心上。

回家后，乔乔对老师和稀泥的解决方法一直耿耿于怀。这时，他又收到了那个体育生发来的挑衅短信，短信内容十分嚣张，语言粗俗无礼，乔乔看得心头冒火，却苦于从没骂过脏话，不知怎么回击，只能一个人生闷气。

如果你是乔乔的妈妈，你会怎么做？（请根据本章所学，写下你的看法。）

“T.E.S.”探索表

三分着手点	你会怎么做?	有助的行为
身		
心		
育		

第七章

家庭文化是家庭成长的力量

家庭生态树之根是家庭文化，是一个家庭中最重要的成长资源。探索你的家庭文化，帮自己找到初心。

欣大侠的小故事

疫情期间，孩子们都在家里上网课。有一天，欣欣突然感叹："我爸总说我想要成为学霸是件很容易的事情，可是我觉得并不是。"

"为什么呢？"我不禁问道。

欣欣回答说："因为你们俩只管我的思想、眼界、视角啊这些特别大的地方，学习上面具体的小事你们从来不管。"

"这样不好吗？"我忍不住笑了，不过看到欣欣撇着嘴的小模样，我又解释了一句，"我们小事上不管你，是因为我们相信你可以做好自己的事情。"

欣欣听了我的话依旧不是很满意，愤愤不平地拍了拍桌子，"可是你看看别人的爸妈，人家都是给自己孩子报奥数、英语、音乐啊之类的各种课程，什么都给安排好了，而我呢，想要学点东西还要自己去寻找适合自己的内容和节奏，全都要靠我一个人搞定，这可太不容易啦！"

我惊叹道："这不是正说明我们的信任是正确的吗？就拿你们现在上网课要用的这么多软件、任务还有各种学习包来说，这些我到现在都还有点弄不明白，而你却已经调理清楚了，这充分证明你已经有了很强的克服困难的能力了。"

"嗨，也没你说的那么厉害啦，"欣欣看起来理解了，嘴角已经压不住上翘的弧度，不过态度上她依旧还是象征性地矜持了一下，"那些软件还是有几分难度的，我还得继续努力才行。"

我马上给她打气，"加油，有需要我的随时问我，我百分之百支持你！"

故事汇

父母总是想把自己人生道路上得到的经验教训毫无保留地交给孩子们。在教导子女的时候，许多父母苦口婆心，谆谆教诲，恨不得把每一个道理都掰开了揉碎了，一勺一勺亲自喂到孩子嘴里去。仿佛只有这样事无巨细，才算得上是真正的教子有方。

然而，很多时候，教育往往发生在日复一日、平凡而不起眼的家庭生活中。正所谓“言传身教”，除去言语上直白的教诲，家庭教育更多的内容其实放在了父母自身行为对子女的影响上。这种影响对于一个未成年的孩子来说，无论是在他们对客观存在的认知上，还是针对他人情绪的回应上，都起着至关重要的作用。可能你平日里每一个对突发事件的处理方式，都会对孩子未来的发展潜移默化地产生不可预估的影响。

一个家庭内部的整体氛围极大程度上决定了家庭教育的质量，家庭文化就像是空气，不易察觉，随处可见，但是不可或缺。

就像欣欣，在学习方面，我和欣欣的爸爸从来只抓大方向。对于细枝末节的地方，我们并不会过度干涉，而是选择信任自己的女儿，给她自主选择的空间，因为我相信欣欣才是最了解她自己想要什么的那个人。

她到了小学中高年级时，我开始把自己定位为一个支援者的角色，只在女儿需要的时候提供援助，其余时间会选择站在场外安静守护。在安全无虞的情况下，放雏鹰自行起飞，而不是做一个如同老母鸡一样难以放手的控制型家长。

正是得益于这种宽松的养育模式，欣欣锻炼出了独自应对难题的能力，虽然在这个过程中，她也会迷茫、苦恼甚至抱怨，可是最后这一切都将成为她成长的力量，她在这个过程中逐渐学会独立思考，并为自己的进步而感到骄傲。这便是属于我们家的独特的家庭文化。

本章将围绕“家庭文化”这一主题展开探讨，解析家庭文化在孩子成长过程中的重要性，以及家庭文化的可塑性。

你真知道吗

父亲节，一位女儿的回忆

今年父亲节，我回忆了一下父亲的过往。

他是一介草民，是芸芸众生中再普通不过的一员。他在世俗来看无功无名，然而在我的心里，父亲的人格和品行是伟岸的高山，为我的人生点亮了一座灯塔。

简单举一个例子，父亲不光为自己的父母养老送终，还侍奉了他身体残疾、无儿无女的伯父。小时候，我常常看到爸爸给那个身体残疾的爷爷洗头发、剃头，给他老人家浇水、种田、秋收入仓，然后再去干自己家的活。直到那个爷爷最后生病住院走到生命的尽头，爸爸都一直在精心伺候他老人家。最终老人家了无遗憾地走了。

父亲常说，他做人做事的原则就是“问心无愧”，他对我的要求是：严于律己，宽以待人。父亲说，父母不必要为孩子留家产，留下很多钱可能会害了后代。

我接着父亲的话，再续上：留家产不如留家风。在我心里，父亲是我人格的引路人，他留给我的精神财富胜过任何家产！

以上是“T.E.S.父母成长种子班”二期学员“自由”在朋友圈发布的内容。我摘录了一部分跟大家分享。“自由”现在是一位硕士生导师，哥哥是一位企业家，农民父亲并没有太高深的学问，就是用这些生活中一点一滴的榜样行为，培养了两个优秀的儿女。

心理学家荣格说过：父母死气沉沉的生活对周围人特别是自己孩子的影响，是无与伦比的。当然，反之亦然。

序号	关于家风的问题	我的思考
1	什么是家风？父母的行为就是家风吗？	
2	我们家的家风是什么？	
3	孩子从哪里获得成长的力量？	

是什么

家庭文化的定义

家庭文化虽然是一个重要的根系，但因为不常被人看到，所以并不容易理解。那么，家庭文化到底是什么呢？我们把这个词拆分开来看，先了解什么是家庭。

家庭在心理学上的定义是指婚姻关系、血缘关系或收养关系基础上产生的，以情感为纽带，亲属之间所构成的社会生活单位。广义的家庭泛指人类进化的不同阶段上的各种家庭利益集团，也就是家族。

美国社会学家伯吉斯和洛克在《家庭》一书中提出：“家庭是被婚姻、血缘或收养的纽带联合起来的人的群体，各人以其作为父母、夫妻或兄弟姐妹的社会身份相互作用和交往，创造一个共同的文化。”

通过对汉字溯源，我们在“家”“庭”两字的演变过程中也可以找到一些线索。

家，是会意兼形声字。最早见于甲骨文，本意是屋内、住所，在商代甲骨文中，“家”就是一个房子，下面有一豕（也就是猪）。《说文解字》中写道：“家，居也。”哑语中家园的手势就是一个屋顶的样子，所以人们对家最基本的需要是一个居所。

而“庭”，则是指厅堂，堂阶前的院子。

再来看“文化”一词。

在西方，“文化”一词是从拉丁文culture演化而来的，英国“文化人类学的奠基人”爱德华·泰勒在1871年出版的《原始文化》一书中，把文化定义为“一个复杂的总体，包括知识、信仰、艺术、道德、法律、风俗以及人类在社会里所有一切的能力与习惯”。

法国的一位启蒙思想家把文化解释为“文化是一种教养，指通过教育能够获得良好的教养，以及文学、艺术和科学方面的修养”。

而在中国，最早提到“文化”一词的是战国末年儒生编纂的《周易》：“观乎天文，以察时变；观乎人文，以化成天下。”意思是通过观察天象，来了解时序的变化；通过观察人类社会的各种现象，用教育感化的手段来治理天下。

到了近代，“文化”是一种变成了习惯的生活方式和精神价值，由此形成了一个群体共同的价值观。中国著名的社会学家费孝通曾指出：文化是依赖象征体系和个人的记忆而维持着的社会共同经验。

记得小时候，我们家都是在端午节的早晨就开始张罗起来了。清晨，大人们会煮上一大锅热腾腾的粽子，一盘整头的大蒜，一盘白鸡蛋和咸鸭蛋。妈妈会把粽子剥去粽叶，装盘，撒上白糖，买来炸糖糕，搭配着吃。爸爸会在大门上高高地插一把新鲜艾蒿，我们小孩子都挂上提前准备好的各种香包，拎着装着咸鸭蛋的小网兜去上学。

准备这些东西需要提前好几天，包粽子的叶子、糯米、大枣等都需要提前泡好，小伙伴们会一起做香包，每年都希望有些新花样，特别开心。所以，直到现在过端午节，我都会尽可能地按照小时候的传统来准备，让我的孩子如同我小时候那样期待着过端午节。

但是有一次，我和朋友聊起端午节的习俗，我发现她家乡的习俗和我的有些不同。朋友的老家在东北的大山脚下。每年端午的清晨，她会和父亲一起上山采艾蒿，用太阳升起之前的露水洗脸，回来后再把艾蒿挂在门上。朋友小时候同样也是吃母亲煮好的粽子和鸡蛋，但除此之外，她还会编织五彩绳祈福。

通过上文所举的端午节的例子，你可以简单地理解，这个节日就是象征体系，而每个人童年不同的回忆就是个人的记忆。比如说吃粽子，就是维持着的社会共同经验。现在，“文化”逐渐成为一个内涵丰富、外延宽广的多维概念。不同文化体系的集合，就构成了社会文化、种族文化、国家文化、民族文化等等。

再回到家庭中去思考，人们在各自家庭中表现出来的差异，就是各个家庭中的文化。

有一种对家庭文化的理解是：所谓家庭文化形态，是构成家庭与两性团体生活的思想与行为形态。这是所有社会文化体系的一部分，包括婚姻及恋爱程序、性道德、夫妇关系、两性地位、亲子关系、离婚、儿童谋生意向、家庭团结、对于亲长的责任等。有些人可能会想："我觉得我们没有家庭文化。"

事实上，无论你是否关注过，每个家庭都有自己独特的家庭文化。它透过人们与他人互动的方式、优先考虑的事情，甚至花费时间和金钱的方式等方方面面来展现。

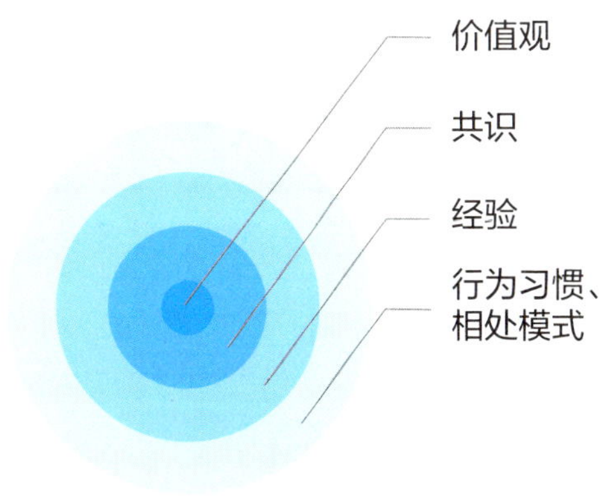

家庭文化影响圈

它决定了人们如何择业、择偶、择友，如何穿衣、吃饭、消费，如何处理人际关系……这些有目的而且持续的行为习惯、家庭成员相处模式，就是你家独特的家庭文化。家庭文化是家庭的主导氛围，每个家庭成员在自己的文化中都会感到安全，并获得归属感。

家庭文化与孩子成长

家庭文化体现在人们教育孩子的方面，就是教养。《论语》中有一篇文章大家可能都读过：

陈亢问于伯鱼曰："子亦有异闻乎？"对曰："未也。尝独立，鲤趋而过庭。曰：'学《诗》乎？'对曰：'未也。''不学《诗》，无以言。'鲤退而学《诗》。他日，又独立，鲤趋而过庭。曰：'学《礼》乎？'对曰：'未也。''不学《礼》，无以立。'鲤退而学《礼》。"

闻斯二者，陈亢退而喜曰："问一得三，闻《诗》，闻《礼》，又闻君子远其子也。"

这个小故事讲的是：

陈亢问孔子的儿子孔鲤："你在你父亲那儿听到过什么特别的教导吗？"孔鲤说："没有啊！有一天父亲独自站在庭院里，我低着头，很快地走过去，父亲问：'你学《诗》了吗？'我说没有。父亲说，不学《诗》不能很好地讲话。我回去后就开始读《诗》。又一天，父亲又独自站在那里，我又从庭院过，父亲问：'学《礼》了吗？'我说没有。父亲说，不学《礼》就不能安身立命。我回去后就开始学《礼》。"陈亢听后大喜，说："问一个问题，得了三个收获，知道了要学《诗》、学《礼》，还知道了孔子不偏爱自己的儿子。"

后来，人们用庭训指父亲对孩子的教导，后泛指家庭的教养。

我第一次听到"教养"这个词是在六岁的时候。

有一次，我独自在家，有一位叔叔来找我爸爸，我说："我爸爸不在家。"就把门关上了。

过了一会儿爸爸回来后，我还不忘记汇报："爸爸，刚才有个叔叔找您！"

爸爸问："是吗？人呢？"

"走了。"

爸爸接着问："是谁？姓什么？找爸爸有什么事儿啊？"

这回我是三问三不知了。

爸爸并没有发脾气，而是让我坐下来，说："下次再遇到这样的事情，应该先请叔叔进屋坐下，泡一杯茶，茶叶盖住杯底即可，水倒杯子的八分。然后你可以请叔叔稍坐，你到前面办公楼把爸爸叫回来。或者让他去办公室找我。"

六岁的我正襟危坐着听爸爸跟我说这些话时，心里既有自己能不能做好的忐忑，又有自己长成小大人能担"重任"的自豪。

最后爸爸说："一个人基本的待人接物就体现了他的教养，这个教养就是他父母带给孩子的家教。”

这件事情虽然过去了很多年，但我每每想起来都记忆犹新。因为这是我原生家庭的文化根系，它支持着我现在的人生发展，也深深地影响着我的核心家庭文化。当然，家庭教育的具体内容会根据时代、环境的特点有所变化，但家庭文化中的原则和影响并不会变化。

人们当下的生活更多地被家庭这棵大树上的繁茂枝叶充斥着、搅扰着，很少有时间去思考这棵大树下面的根系。人们被现代生活中日复一日的任务追赶着，少有闲暇驻足思考：到底要被什么驱动着去前行？要去向哪里？怎么样推动孩子？助力他们成为什么样的人？

为什么

为什么说“家庭文化”才是推动家庭成长的力量？在中华民族的传统理念里，家庭、家族是一个人的根本，中国自古就有“叶落归根”“告老还乡”之俗。《红楼梦》中有诗云：“反认他乡是故乡，甚荒唐。”

现在，中国人一到过年就流动起“春运大军”回老家过年，海外华人虽远隔万水千山，历经几代流转，还要回来寻根问祖，祭祀先人。

从这些古文俗事中我们都可以感受到：家国文化是根植在中国人心中的一种无可替代的力量。

中国古代家庭看家庭文化

《三字经》中的“养不教，父之过”也表达了家庭对孩子成长的责任。对人生有坚定信念的家庭，会在教育孩子方面有明确的原则。

北宋著名政治家、文学家欧阳修四岁时，父亲早逝，母亲独自将他抚养长大。

母亲在欧阳修五岁的时候，就开始教他读书写字，教他做人做事的道理。家里穷，没钱买笔墨纸砚，欧母就在地上铺上一些沙子，以地为纸，以芦秆为笔，一笔一画地教欧阳修写字，留下了“欧母画荻”的美谈为世人传颂。

后来，欧阳修考取进士，入朝为官，因支持范仲淹新法被贬。欧母非但未指责儿子仕途不济，反而宽慰他说：“你为正义被贬，不能说不光彩。我们家过惯了贫寒的生活，你只要思想上没有负担，精神不衰，我就高兴。”

在欧阳修的家里，家庭文化并不仅仅是学习成绩优秀、做官为宰，更重要的是欧母强调的正义、思想没负担、精神不衰。所以欧阳修的很多作品带给后世的多是平凡生活中所参透的简单又深刻的道理。

欧阳修在《供备库副使杨君墓志铭》中写道：“父子皆为名将，其智勇号称无敌，至今天下之士，至于里儿野竖，皆能道之。”后人也把杨家三代人英勇报国的事迹编成故事、评书、戏曲等文艺作品广为流传。我们看到，“杨家将”的家庭文化在一代又一代间不断传承，还可以看到一个家族是以整体的形象为世人熟知。

北宋年间著名的军事家杨继业以骁勇著称，战功卓著，所向无敌，人称“杨无敌”。后来，在战役中身受重伤被俘，最后绝食三日而死。杨继业的妻子佘氏就是大家熟知的佘老太君，为杨家生了七个儿子。其中广为人知的是杨延昭。他小时候虽然沉默寡言，但是总喜欢玩行军作战的游戏，杨继业看到了以后说：“此儿类我。”

那以后，杨继业再出征，都会带上杨延昭。在这样的环境熏陶中长大的杨延昭在战场上也英勇善战，继承了他父亲的作风，军纪严明，与士兵同甘共苦，深得部下的敬佩，延续了杨家将的威名。杨延昭的一个儿子，名叫杨文广，在对抗西夏时，也屡立战功。一家三代都是名将。

中国古代类似的家庭文化传承的故事还有很多，比如：孟母三迁、岳母刺字、五子登科、王羲之墨池的故事等。你可以看到，习武之家的孩子从小就强身健体，接触行军作战的游戏；从文之家的孩子从小就饱读诗书，知事懂礼。不同的家庭，不同的文化，对下一代产生无法估量的影响。而孩子未来如何发展，他们要组建怎样的家庭，将塑造出怎样的家庭文化，原生家庭的文化都在起着重要的作用。

家庭生态树

在教育孩子方面，孟母的选择、杨家将的传承，为什么会不同？这是因为这些家庭的文化不同。我们可以通过下图的家庭生态树，来更直观地理解。

你可以从生态的角度来看构成家庭生态树的三个部分。

最开始的部分是如何教育孩子，这仿佛是一棵树的树冠，是每一天发生在家庭中不可避免的琐事，例如：怎么交流，怎么处理困难，怎么面对突发事

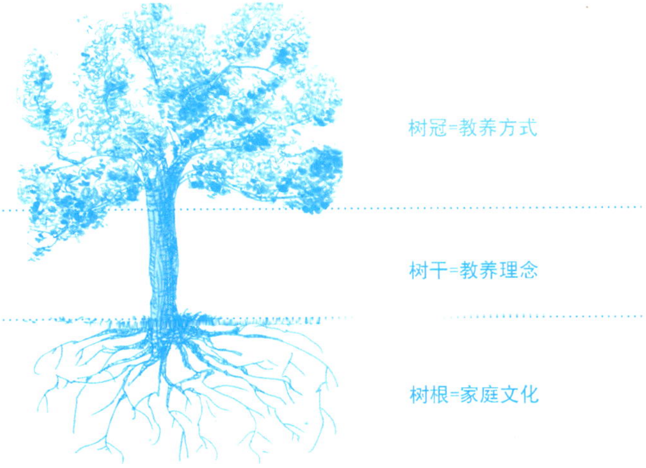

家庭生态树

件，选择什么学校，要不要出国读书，要不要参加培训班，多吃还是少吃，穿多还是穿少，等等，你会发现不同的家庭自有他们自己的规则。

上文涉及的这些生活的枝枝叶叶是怎么形成的呢？它们与父母不同的教养理念是分不开的，这就是树干部分。对未成年的孩子而言，父母就是为他们输送营养，有力地支持他们生活核心理念建设的主干。

而最根本地，决定父母教养方式的因素则是这个家庭的文化，就是家庭树的树根，它深远地影响着家族中几代人的成长路径。在这个方面，我的中学时代发生过的一件印象深刻的事情，可以帮你更好地理解。

有一年暑假，我跟随爸爸去邻近城市出差，爸爸想锻炼我，在他事情快办完时，让我提前十几分钟去火车站买票。第一次独自买票，我既紧张又兴奋。等爸爸到火车站时，我献宝似的把火车票递给他。

他拿过去一看，发现到达站买错了，问："你发现到达站错了吗？"

我一看，顿时傻眼了，因为太兴奋，买完我就握在手里，根本没看。这可怎么办？我大脑一片空白，完全没了主意。

爸爸并没有马上教育我，只是问："你在哪个窗口买的？"

然后爸爸带着我过去，对售票员说："这张票的到达站打错了，请给换一张。"

售票员爱搭不理地说："自己买错了凭什么我给你换，卖出去就不能换！"

我一听这话心生沮丧。

只见爸爸提高音量严肃地说："买票的是一个十几岁的孩子，一个十几岁的孩子会把她家在哪里说错吗？她不可能错，那出错的肯定是你了。你必须给换票。"

售票员无言以对，气焰顿消。后来车站的站长听到后，把我们请到站长办公室喝茶，并向我们道歉。

此后多年，无论我遇到多大的事，总能想起父亲临危不乱的样子。这也深深地影响了我处理事情的态度。同样，我现在处理事情的状态，也时刻影响着我的孩子，这种态度也成为我现在家庭文化的一部分。这就是家庭生态树的树根，是深埋在家庭事件、生活琐碎中那个我们看不到的部分，但它却决定了我们整个家庭树的形态和长势。

家庭文化和生活

家庭教养方式影响人一生中的方方面面，所以家庭文化不仅仅体现在家庭教育上，它也与人们的生活息息相关。你们家有没有什么特别的仪式？小时候，你的父母是怎么教育你的？当一大家人聚在一起时，每个人又是怎么表现的？

咚咚的父亲来自一个传统的大家庭，每到逢年过节，咚咚都要跟爸爸回爷爷家团聚。

爷爷家的饭厅里有一张非常大的圆桌，能够坐下全家十几口人，每回爷爷的座位都位于最中间。等到奶奶和几个姑姑婶婶把菜端上桌之后，小辈们都要安静等待，直到爷爷下了第一筷子之后，才能朝自己喜欢的菜肴发起“进攻”。

不光在爷爷家吃饭要讲规矩，就连咚咚回到自己家后，在饭桌上爸爸也对咚咚有很多要求。比如：和长辈碰杯的时候，杯子要比长辈低一些以示尊敬；给人倒完茶后，茶壶嘴不能冲着别人，不然就是在骂人；要按照“茶七饭八酒十”的比例添茶盛饭倒酒；还有筷子不能直直地插在米饭上面，那是在给亡者上供。最令咚咚印象深刻的是：有一次，他在餐桌上用筷子和其他餐具演奏打击乐，结果被爸爸狠狠批评了一顿。爸爸说以后吃饭时不能用筷子和勺子乱敲碗和杯子，那是旧时代叫花子讨饭时才会做的。

虽然妈妈觉得爸爸规矩多，但也并不干涉爸爸对咚咚的要求。

就像有些宗教信徒饭前需要祷告，感谢被赐予美食，又或者像有些家庭在吃饭前也会说一句“我开动了”才开始进食，你的家里是不是也有类似的规矩或者仪式需要遵守?

这些知识不是从学校里学来的，也不是从专家那里听来的，而是从父母、祖父母、曾祖父母那里一代代传承下来的。同样传承下来的，还有先辈做人做事的态度，这些是家庭生态树深埋地下的根系部分。祖先早已经不在了，但他们通过族谱、仪式、家训、家庭故事和家庭行为规范的训练等传递出的生活态度却被一代代继承下来。这就是家庭文化，是穿越时空的一种归属的烙印。

家庭文化的意义与价值

家庭文化还渗透在我们日常生活当中，它是家庭发展的底层逻辑，是根植于日常生活、教育、就业、交友、择偶等一切社会生活事件深层的根本方向。它传递了一个家庭的价值观、人生观、世界观。

当问到“文化”时，人们很容易想到学校的校训、企业宗旨，但很难用一句话说出自己的家庭文化。这是因为，绝大多数家庭并没有明确过自己独特的“家庭文化”。

如果你的家庭文化从未被明确过，那么就请所有家庭成员花时间让自己从烦琐的家庭“麻烦”中暂时脱离出来，一起思考这个重要的、平日里看不见的根基部分，让家庭文化成为孩子心灵归属和安全感的来源。

明确家庭文化的行为看起来很形式化，好像不太实用，但是从长远来看，这段将自己从日常任务中抽离，额外花费的时间是有价值的，提前做好功课远比孩子长大以后再去回忆、总结、顿悟来得高效。这也是过去家庭总会把家谱、家训写出来，代代相传的原因。

家庭文化很重要，却并不复杂，大道至简，越是底层的逻辑越简单明确。比如：我父亲对孩子做人的要求是“自尊、自爱、自立、自强”；做事的要求是“大处着眼、小处着手，不要眼高手低”；对我个性化的要求是“戒骄戒躁”。

下面举两个小例子：

例1：娜娜虽然和妈妈经常发生冲突，但是她和爷爷奶奶还有姥姥姥爷的关系都十分好。因为小时候每次妈妈带娜娜回姥姥家时，娜娜都经常能看到妈妈给她自己的姥姥，也就是娜娜的太姥姥削水果吃，并告诉娜娜：“尊老爱幼是咱们家的传统。”长大后，娜娜对老年人的态度也很温和，每次去爷爷家时，哪怕爷爷已经有些老年痴呆，有时候认不清人了，娜娜都会耐心地介绍自己，然后拉着爷爷的手，静静地陪爷爷坐一会儿，才去做自己想做的事情。

例2：优优的外婆有些重男轻女，在优优妈妈小时候就偏心优优的舅舅。有一次家里水管坏了，优优的妈妈自己动手修好，没想到外婆见了非但没夸奖她能干，反而毫不在意地说：“你就是瞎猫碰到死耗子，赶巧了！要是一个女孩子都会修水管，这世上还要修理工干什么？”这件事儿让优优的妈妈多年以来一直耿耿于怀。

后来优优妈妈通过自己的努力考上大学，来到了另外一个城市，一直以来她都觉得自己的才干一点都不输给男人，教养优优的时候暗下决心，说自己肯定不会像母亲一样带着偏见。直到有一天她发现优优的近视度数又加深了，忍不住脱口而出：“你一个女孩子，小小年纪就戴着高度近视眼镜，将来怎么办啊？”

优优反驳道：“妈妈，您怎么也像姥姥一样‘重男轻女’啊！”

从这两个例子你能看到家庭文化对一个人的影响是何等之大。哪怕优优的妈妈已经离开自己的家庭多年，她依旧受到幼年时母亲对她评价的影响，并且不自觉地将同样的态度带到了优优身上。

另一边，娜娜妈妈关爱老人的行为，和“尊老爱幼”的教育也同样对娜娜产生了影响，并把这种美德体现在和爷爷的互动之中。

怎么办

家庭文化具有三个方面的特征：

第一，独特性。

每一个家庭中的成员，个性特点不同，互动模式、成长模式也都不同，每一个核心家庭的男女主人也都会带着他们各自在原生家庭中所传承到的文化密码，通过磨合，就会在相处中形成这个家庭的独特文化。

第二，精神性。

家庭文化更多时候是看不见摸不着的。这也是很多人会说家里没有什么家庭文化的原因。其实，任何一个群体，都会从方方面面影响着这个群体中的每一个人。

我看过一个报道，说是一个被拐卖的孩子回到了亲生父母身边。这个孩子已经15岁了，采访中，他的爸爸说孩子现在交流已经顺畅一些了，但是不能提“那个家”（就是指收养他的那个家庭），孩子说毕竟是养了他15年的家。“那个家”虽然对亲生父母来说是切肤之恨，但对于孩子来说，却是他生活了15年的地方，他已经被那个家庭中的文化熏陶成现在的状态，那个家对他的影响是精神性的，不是一件物品说丢掉就丢掉了，也不是换个环境就能抹杀的。

第三，可塑性。

文化是从无到有、从隐性到显性不断形成的，它是全体家庭成员共同作用的结果。当一个家庭刚刚组建时，可能并没有很清晰的、独特的家庭文化，但随着时间的推移，共同生活中会慢慢沉淀出这个家庭独特的文化。

比如：有的家庭，男主人很喜欢做菜，那么，这个家庭里的孩子，会觉得爸爸做菜是一件很正常的事。这就是他形成的认知，也是这个家庭文化的一部分。

我们家的人都喜欢看书，家里的各个空间里都能看到书。欣欣从小最好的玩具也是书，“抓周”时抓的就是书，抓完还装模作样的在那儿翻。她现在也喜欢听书看书。这些都是家庭文化的一种表现。

我们家还有一起讨论问题的习惯。从欣欣不会说话时，我就会询问她的感受和意见，我教她用点头和摇头来表达意见。等会说一个字的时候，她就用一个字积极回应。比如你问她好不好，她会说：“好！”你问要不要，她会说：“要！”

就是因为她的反馈被我们听到、看到、认真地对待，所以她现在还是很积极地思考和讨论。在我们家里，我们创造了一种可以表达任何想法的氛围。

如果你希望孩子能够有思想，就要多创造机会让他表达思想。如果你希望他愿意跟你交流，那你就要让交流的环境变成愉悦和成长性的。

当然，家庭文化还有很多其他特征，你也可以思考一下：

- 我们所在家庭中的家庭文化都有哪些？
- 我们家庭中，外显的家庭文化是什么，内隐的家庭文化又是什么？

有助的行为一：家庭文化探索

《红楼梦》里的三姑娘探春是贾政和奴婢出身的妾室赵姨娘所生，却在贾母身边抚养，所受教育极好，与嫡姐元春一起受教养长大。探春精明能干，富有心机，能决断，有大观园的“玫瑰花”之称；她工诗善书，趣味高雅，曾发起建立海棠诗社；她关心家国大事，有经世致用之才，曾奉王夫人之命代凤姐理家，主持大观园改革。有红学评价探春是一位雄才伟略的政治家、改革家。这里我想就探春的成长提两个问题：

- 探春是跟着生母赵姨娘长大好还是跟着贾母长大更好些呢？
- 为什么当代更提倡父母自己带孩子，而在古代这种说法不常见呢？

练习：

1. 请你找一个安静的时间，全家人一起来探讨这个话题。让每位家庭成员都说说自己的看法。

2. 如果讨论中涉及父母辈，请夫妻双方只评论自己的父母，避免攻击性的评价。

请将家庭成员的看法记录在表格里：

问题	爸爸（爷爷奶奶）	妈妈（姥姥姥爷）	孩子（祖父母辈）
哪个更好？			
为什么？			

在做这个练习时，需要大家尽可能用固定的时间、固定的场所和稳定的状态来进行。这种正式的状态，目的就是调动大家的思考，避免觉得不是很重要而随口一说。

家庭文化是通过仪式和记忆来传承的。你也可以尝试让这种正式的谈话成为家庭中未来的沟通方式，这将有助于你的家庭成员习惯客观、理性的交流。

总结起来，这个练习能够帮助你：

1. 客观了解原生家庭教养模式对自己成长的影响；

2. 了解伴侣的成长路径；

3. 让孩子通过了解祖父母辈的教养方式，进而更加理解父母的教养方式，更加珍惜自己当下的生活。

有助的行为二：家庭故事时间

国王长了对驴耳朵

从前，有一个富裕的王国。那里的国王英明，百姓勤劳。但是，国王有一个不为人知的烦恼，就是他的耳朵长得一天比一天长。一天，国王想让人帮他剪头发。理发师脱下国王的帽子，看见了国王的耳朵，吓得直发抖。后来理发师发誓保守这个秘密，才保住了性命。可是理发师因把秘密闷在心里太难受了，就跑到深山里挖了一个洞，他对着洞口大声喊："国王长了对驴耳朵！"说完，他又用泥土把洞口埋起来。说出秘密的感觉真舒服呀！他高高兴兴地回家去了。

几年后，埋有国王秘密的洞口长出一棵树。一个牧羊少年砍下大树的树枝做成笛子，没想到笛子吹出的声音竟是"国王长了对驴耳朵"。不久，城里的人都听到了笛声。这个故事有很多版本，最唯美的版本结局是：大怒的国王在理发师劝说下，告诉百姓他的长耳朵是用来倾听他们心声的。为感谢理发师，国王封他为大臣，让他帮忙治理国家。勤政爱民的国王也更受人民的爱戴。

我想通过这个故事让你知道，你也可以在家里设计一个"家庭故事时间"。当一个人说话时，其他人就像那个山洞一样，倾听彼此的"故事"。

在听故事的时候，也请你和家人顺便做一个记录：一个倾诉，一个表达，一个观察和记录。

请你和家人结合那个故事，联系自己成长的经历，在下面的表格中，记录三点：

1　原生家庭中让你印象最深刻的三句话；

2. 原生家庭中让你印象最深刻的三个瞬间；

3. 原生家庭中让你最难忘的三件事。

原生家庭印象最深刻的三点	具体内容
三句话	
三个瞬间	
三件事	

做这个练习需要注意的是：

· 这些故事可以是发生在自己身上的，也可以是自己看到、听到的别人的故事；

· 可以分享开心的事，也可以分享不开心的事；

· 请讲故事的人毫无保留地真诚分享，也请听故事的人完全开放接纳地倾听。

同样，请你和家人找出专门的时间，正式围坐在一起予以练习。如果讨论中涉及了父母辈，请夫妻双方只评论自己的父母，避免攻击性的评价。看看你能探索出多少原生家庭的文化密码。

乔乔的爸爸也做了这个活动，他能回想起来的都是自己被打或者是和兄弟打架的瞬间。

乔乔的爸爸没有姐妹，兄弟几人之间，表达情感的方式很少通过语言来进行，有了矛盾男孩子之间打一架就好了。因为成长过程一直在摔摔打打中度过，所以爸爸在教育乔乔的时候，格外强调男子气概，认为男孩子应该皮实一点。

当爸爸对妈妈和乔乔讲到他小时候和兄弟们用拳脚交流感情的故事后，乔乔突然对小时候发生过的一件事有了新的理解。

上幼儿园前后，有一次乔乔和小朋友一起追跑玩耍，谁知一个踉跄，乔乔摔了一跤。这一跤摔得很重，乔乔当即哇哇大哭起来，乔乔妈妈见状赶忙上前安慰，乔乔在妈妈怀里反倒哭得更大声了。乔乔爸爸见状有些不耐烦，在乔乔哭了好一阵子都没有停下来之后，终于按捺不住，一把把乔乔从妈妈怀里揪了出来，呵斥道："男子汉，摔一下有什么可哭的！"说完，就抱起乔乔回家了。

多年之后，父子俩再一次交流这件事时，双方的心情都已经很平静了。

乔乔说："爸爸，其实我小时候不是那么爱哭的，可是我记得那一次摔得实在是太疼了，整个膝盖后来都青了。当时你只顾着骂我，一点都没关心我伤得重不重，我心里很委屈的。"

爸爸听了这番话，也反省自己当年的行为，发现有些不妥当，于是向儿子送上了迟来的道歉："儿子，对不起！爸爸当时没有体谅你的心情，没有搞清状况就吼你了。"

在这件事上，父子达成了和解，不过当晚乔乔爸爸在和乔乔妈妈提起这件事时，不禁感叹："哭其实是孩子释放情感的通道，男孩子也有哭泣、表达难过的权力，乔乔和我不同，是个感情细腻的孩子，我以前有些时候对待乔乔还是太武断了。"

有助的行为三：你喜欢什么样的家庭？

聊了过去，请你再看看现在。现在的家庭是你想要的吗？你想要的家庭是什么样的？请你和家人分别用三句话来描述自己对现在家庭的看法。要求还是和前面一样：完全接纳地倾听，非批判地评价，积极地回应。

当你完成前面所有关于家庭文化讨论的练习后，还是请你时刻记得用"三分生态系统"的思维方法来做评估。

身的角度：

· 你现在的家庭有哪些客观现实？

· 夫妻带着怎样的原生家庭的文化密码？

心的角度：

· 你在现在家庭中的主导感受是

"T.E.S."家庭文化系统

什么？

· 你过去和现在都有哪些期望？

育的角度：

· 这个期望哪些是对你和家庭都有益处的？

· 家庭内每个人为此能做些什么？

在开展家庭讨论活动时，我建议家庭成员要提前调整好身心育的状态。比如：安排一个让大家都感到舒适的环境，夏日的午后，一杯清茶，一碟水果。可以先听听音乐，面带微笑，调整好心情再开始。

希望你不要把“三分生态系统”只当作一种理论，而是真正当作一种随时随处都可以使用的工具。这个工具是方法，也是育，请你记得使用学到的工具，让自己的生活逐渐变得更美好。

心灵这张地图，指引你前进的方向。从现在开始，刻意认真地去描绘你的家庭地图，不仅仅是建设当下的家庭，甚至是在为未来子孙辈输送家庭文化的营养和指明方向。

真知道拼图

现在，请你来回顾本章的知识要点。请在对应的拼图里涂上相应的颜色：红色=非常好，黄色=基本掌握，蓝色=继续努力。

第一块，家庭文化的定义。

第二块，家庭文化的重要性。

第三块，家庭文化的可塑性。

【读个故事停一停，然后请你评一评】

上一年级时，有一天优优放学回家后对妈妈说："妈妈，我不想再坐在康康后面了。"

"为什么呀？"对康康这个孩子，优优的妈妈有些印象，是一个很活泼的小男孩，平时经常能看到他和咚咚一起玩。

优优噘着嘴，不太高兴地说："康康他骂脏话！"

优优的妈妈愣了一下，马上追问："康康骂你了？"

"这倒没有……"优优犹豫了一下，像是不知道该怎么表达比较好，"反正就是他平时说的话都很难听，现在咚咚都被他带得会骂人了！"

经过优优解释后，妈妈总算大致理解是怎么回事了。

康康的爸爸妈妈平时在家说话就比较不注意，尤其是康康的爸爸，说话过程中常会夹杂着一些不太文雅的"语气助词"。康康跟着大人学习，也把这个说话习惯带到了班级里。

康康可能说话的时候并不带任何恶意，只是在和小伙伴聊天时会不自觉地使用他在家里听过的那些特有的"语气助词"，甚至他可能觉得这么讲话是他表达亲近的一种方式。而优优一家平时讲话时，都没有说脏话的习惯，这就让优优对康康的说话方式很不习惯，尤其是最近她发现咚咚和班里其他一些男生也在学习康康说话，身边说脏话的小伙伴越来越多，这让优优十分苦恼。

如果你是优优的妈妈，你会怎么做？（请根据本章所学，写下你的看法。）

"T.E.S."探索表

三分着手点	你会怎么做?	有助的行为
身		
心		
育		

第八章 建构家庭文化

家庭文化是无形的财富，是悠久的传承，是生命最长久的印迹。用好建构家庭文化三要素和“T.E.S.”原则，建构自家独特的家庭文化。

欣大侠的小故事

前段时间，我无意间发现欣欣的奶奶在家庭群里发了一条恭喜欣欣的信息，当时我心里就有些奇怪，心想：欣欣最近一没考级，二没考试，三没参加比赛，也没做什么了不起的事情，奶奶这是在恭喜什么呢?

怀着这样的疑惑，我把群里之前所有的聊天记录都看了一遍，才发现原来奶奶是在恭喜欣欣升上五年级了。

奶奶非常正式地“艾特”了欣欣，并在群里祝贺欣欣升上高年级，随后爷爷跟奶奶保持步调一致，同样“艾特”了欣欣，送上祝贺。

欣欣收到两条信息后，非常高兴，连发了几个笑脸表情，然后同样“艾特”了两位老人，并逐一表示了感谢。

明明群里也没有几个人，但是祖孙三人都认认真真地进行“艾特”，全程都很用心。整个过程中，三人都像是在对待一件非常重要的事情，十分有仪式感。

欣欣和爷爷奶奶的关系一直以来都很亲密，奶奶会关注欣欣学习和成长过程中所取得的每一个成果，并第一时间送来鼓励赞扬的话语。爷爷则会更内敛一些，每逢一个节气，爷爷都会在群里以当前的节气为主题赋诗一首，然后郑重地邀请欣欣品鉴。祖孙俩常常能对着一首诗辩上好久，而欣欣的中文基础就是在和爷爷“评诗论诗”的过程中一点点打下的。

故事汇

欣欣的爷爷奶奶其实并没有很直白地教育欣欣，但是细品之下，就能发现两位老人一举一动中的用心良苦。就以微信群的故事为例，升上五年级，对大人来说，可能只说明时间又悠悠过了一年，但对孩子而言，升上新年级的意义就要重大多了。他们成功度过了上一个年级，完成了诸多学业上的任务，接下来马上将进入一个新的阶段，面对更多新的挑战，认识更多新的朋友，这么努力的小家伙，难道不值得获得一句恭喜和鼓励吗？同时，这种行为也是对欣欣适应新学年最有力的支持！

同样，爷爷邀请欣欣“点评”他的诗，而不是“教导”欣欣学诗，一词之差，就能看出在这件事上，爷爷把欣欣放在了一个相对平等的位置上。虽然以结果而论，仍旧是爷爷借着这个机会，教孙女学习诗词知识，但是对欣欣而言，赋予她“点评”的权利，这一行为本身就能给她更多被认同、被看重的感觉，从而也能更好地激发她学习的热情。毕竟人不论长幼，谁不喜欢“指点江山”呢？

爷爷和奶奶共同向欣欣传达“尊重”的信号，欣欣接收到后，身处这样的家庭文化当中，她也会自觉维护这种文化，成为一个同样尊重他人的人。

重视孩子重视的事情，关注孩子关注的方面，和孩子坐在一起，用平等的视角和孩子讨论问题，才能让孩子感到他们被尊重了。对一个家庭来说，当每个人都习惯了平视对方说话，那么因为家庭内部争论高低、前后而产生的争吵也会随之减少，整个家庭的氛围就会更加平等包容。只有每个人都能心平气和地坐在一起，才能让每个人的声音更有机会传到其他家庭成员的耳朵里。

家庭文化虽然存在于任何一个家庭中，但是想要有意识地构建一种和谐健康的家庭文化，这需要所有家庭成员的共同参与和努力。

本章将阐述建构家庭文化的原则和特点，学习如何来建构你自己想要的家庭文化。

你真知道吗

每个人都有“来龙去脉”，你现在的家庭生活来源于你和父母共同生活的那个时空。现在请你回忆一下，原生家庭带给你最重要的影响是什么。

了解过去，是为了更好地建设未来。在本章，我们将继续深入探索原生家庭和核心家庭的文化，慢慢厘清被人们忽略的那些家庭文化的痕迹，主动建构自己想要的家庭文化。

序号	关于家庭文化的问题	我的回答	孩子的思考
1	你现在的家庭文化是什么?		
2	你理想的家庭文化是什么?		

请你思考，你认为家庭文化是怎样传递给孩子的？孩子心中的家庭文化，和你认为的是一样的吗？

是什么

家，不仅仅是提供给家庭成员的一个居所，更是通过日常互动创建出来的生存发展的环境。孩子在家庭中感受文化的熏陶，学习与家庭成员建立关系。

当你组建一个核心家庭时，无论你是否意识到，你的愿望、行为、语言都会遵循某种看不见的规律，从而构建成自己独特的家庭文化。你理解了家庭文化的重要性，就可以有意识地和所有家庭成员一起，建构一个你想要的家庭文化，让家成为每一位家庭成员倍感温暖又安全的港湾。

乔乔的妈妈是一位很讲究生活格调的女性，她每周都会在家中显眼的地方摆放一些鲜花，有的时候也会自己手工制作干花来点缀房间。此外，乔乔妈妈还很重视仪式感，她会记录生活中每一个有意义的日子，安排相应的活动来庆祝各种纪念日。例如，在每个家庭成员生日那天，她都会给过生日的那个人“放假”一天，其余成员则会为寿星做一顿饭来庆祝一番。受到妈妈的影响，乔乔会在母亲节、妇女节等节日，在放学回家的路上绕到花店为妈妈带回一束鲜花，而爸爸虽然时常感叹工作繁忙，但在妻子和儿子生日当天，总会尽力按时赶回家。

在乔乔一家中，乔乔的妈妈是家庭文化的倡导者，她对生活质量的追求感染了其余两位家庭成员，使得乔乔和爸爸在享受家庭温馨氛围的同时，也成为这份文化的维护者。

建构，原指建筑起一种构造，有美化、建立、健全的意思。建构既不是无中生有的虚构，也不是唯一标准答案，而是在原来的状态中找到系统。

2019年暑假，我带孩子们去长白山开展夏令营活动，其中有一天安排的活动是搭建木屋，其间我们得到了芬兰HONKA原木建筑公司的大力支持。HONKA亚太区总经理Tuomas先生和中国区市场总监Tommy先生专程来到营地，亲自教孩子们搭建一座真正的木屋。

这个活动孩子们特别期待，我们在前一天还开会讨论了这座小木屋的名字、功能等。

到了现场，孩子们有些傻眼，他们看到的是一块一块长短不一的木头，真的能搭成木屋吗?

Tuomas先生先是跟孩子们介绍了木屋在芬兰生活中的实用性和建筑中的地位，然后又介绍了如何不使用一颗钉子，仅用木头本身进行搭建的技术原理。最后，他和Tommy先生用最正规的工地安全准入标准，带孩子们来到“工地”。在他们的指导下，孩子们发现，原来这些并不是随随便便的木头，这些木头有不同的分类，各类别之间通过凹槽相互关联。除了这些固定的部分，孩子们还可以根据自己的创意，搭建出需要的造型，比如是长方形还是正方形，是高一些还是低一点，窗户大一些还是小一些，等等。只要找到规律，这些材料就可以搭成不同的木屋。

最后，孩子们利用给出的木头搭建出一个小木屋，特别有成就感。

预先准备好的木块组成了一个系统，而搭建房子的人则利用这个系统建构出自己想要的木屋。正如这些木块一样，每一个人的过去都是一个系统，它们非常重要。每个人也都有能力为自己的未来建构一个新的、自己想要的系统。在本章，你会在了解了家庭文化的基础上，学习如何建构家庭文化系统。

为什么

家庭文化是无形的财富

公元前221年，秦王政灭了六国，结束了诸侯割据，创立了高度集中的中央集权的政治制度，他奠定了中国以后两千多年政治制度的基本形态。

秦始皇对最小的儿子胡亥宠爱有加，可胡亥在位仅三年，就被赵高设计逼宫杀死。

公元前207年，秦朝灭亡。

《阿房宫赋》有云：“灭六国者，六国也，非秦也。族秦者，秦也，非天下也。”

作为父亲的秦始皇，不可谓不努力，给了儿子一个天下，而结局却是被自己的儿子灭了族、灭了国，丢了天下。

从这段历史里，你可以思考两点：

第一，现代社会大多数家长都忙着打拼，这并没有错，那是人们作为社会人的价值体现。很多父母，牺牲了陪伴孩子的时间，只为了给孩子一个更好的条件，仔细想想，这样真的好吗？此外，更好是多好呢？常年在职场打拼，导致忽略家庭和孩子，造成家庭关系疏离，而糟糕的家庭关系又导致自我评价的降低，这样的“成功人士”并不在少数。

在此，你要思考：当身体、心理、关系给了你信号时，真正有助的行为是什么？

第二，当你在孩子的教育中缺位时，是谁填充了他的教育时间？他被哪些人、哪些事、哪些文化所影响着？

我前几年接触过一个高三的孩子，她的爸爸和妈妈长年在大城市打工，她从小就在老家跟着爷爷奶奶生活。这个孩子与父母基本是零交流，在奶奶家里也得不到心理上的支持，在学校被欺凌了以后也不知道怎么解决。

直到有一天，她看到一本网络小说，小说里告诉她这个世界是不真实的，而从某个楼层跳下去就可以进入一个新世界。这个念头一直藏在她的心里。到了高三，随着学习、人际关系的压力越来越大，她越来越想走进那个新世界。孩子把计划写在笔记本里，被父亲看到后，以为她是压力大、厌学要自杀。

你可以试着用“三分法”简单分析一下，为什么她想选择去“新世界”？

身：她当前是青春期，又处在高考前现实的紧张焦虑中；

心：负面的情绪没有良好的渠道可以疏解；

育：她无法从家庭中获得如何处理关系的资源和教导，又在图书中得到了似是而非的所谓能进入美好新世界的“方法”。

所以你看，她哪里是厌学要自杀，她是想追求一个美好的新世界啊！为什么要追求？就是因为这是她当下的能力中能看到、想到的唯一解决当前问题的方法。从这个过程中，我能看到孩子并不是消极厌世，反而是在积极地寻求自我解决。

你想要给孩子留下万贯家财，还是给他留下一个清晰明朗的人生目标、感受幸福的能力、为人处世的原则等看不见的财富？

看秦朝短短二十几年，轰轰烈烈开始，惨惨淡淡收场。所以不用羡慕谁家给孩子留了几套房，如果没有立足于世的能力，一个天下尚且不够折腾三年的，何况几套房子呢？

对成功家庭的研究

在生活中，你从各种渠道都可以听到家庭冲突的故事。然而大量负面信息，会让人们看不到希望。

我在不同地方乘坐扶梯时，听过两种表达：

一种是请不要踩踏黄线，一种是请站在黄线外面。

这两种表达，哪一种你听到得更多？你更喜欢哪一种？

一种是否定表达，偏警告性，一种是肯定表达，偏指导性。就像通过观摩负面家庭关系的例子，你可以得到警示，从而去避免一些行为，而通过学习积极家庭关系的举例，你可以直接获得好的做法一样。

社会中好的家庭关系比比皆是，只是人们被媒体、大众资讯训练得更好奇那些不幸的部分。在这里跟你分享心理学家们做过的一个对成功家庭的研究：1990年5月，来自心理学、精神病学、社会学、社会工作、婚姻和家庭咨询等领域的13位美国顶尖研究人员，召开了一场为期两天的会议。

会议中报告了一些研究成果，其中幸福婚姻中夫妇的特点是：沟通、解决冲突方面的能力较强，对婚姻的理解更加现实，性格和谐，在价值观一致方面具有良好的表现。研究发现，这些家庭成员都以彼此为荣，他们为自己是家庭的一员而感到自豪。

通过研究，专家团队对幸福家庭得出了一些结论，希望通过报告给社会上的家庭提供积极的资源和建议。报告指出：“尽管在学科和观点上有差异，但专家们对**幸福健康型家庭的基本维度**达成了共识。”

这些幸福健康的家庭通常具有以下八个特点，我按照身、心、育做了分类。

身：明确角色、对家庭的承诺和相处时间

许多研究人员认为：

第一，明确角色是家庭功能的重要特征，是家庭适应变化能力的关键。

这类家庭结构清晰、灵活，家庭成员能意识到自己对家庭的责任，在面临危机和问题时，成员们更清楚自己的作用。角色维度的评估还包括任务是否明确，能否公平地分配给家庭成员，并负责任地执行。

本书书名是《好妈妈，真知道》，最初确定书名时，我的助手问我：“赵老师，‘好妈妈’这个书名会不会有些刻板印象？就好像在说只有妈妈才需要学习如何和孩子相处，爸爸就可以坐享其成一样。”

我说：“一个原因是‘好妈妈’之后还会有‘好爸爸’‘好家庭’等系列图书；另一个原因是借此表达一个社会现实：关注家庭气氛，为孩子成长而焦虑的大多数都是妈妈。”

此外，在我的前几期种子班课程上，学员也清一色全是妈妈。就连正在阅读本书的你，也有更大的概率是一名母亲。（当然，如果你是一位好爸爸，那么我要大大地夸奖你！）

并不是说爸爸不关心孩子成长，就像我在种子班课程中回应学员“为什么都是妈妈来上课”这个话题时提道：

首先，生理特点决定了妈妈在孩子的生养、生活方面是主力；

其次，个性特点中妈妈更关注细节，爸爸更擅长把握大方向；

还有，在传统社会文化中，“男主外，女主内”是一种普遍认识；

最后，合理的分工会使团队协作更高效。

其实，最好的团队并不是计较谁做了、谁没做，而是能否目标一致，各展所长。你可以根据一件小事想一想，你们家有没有一件事情总是一方做？比如我们家欣欣爸爸总是那个在包饺子时擀皮儿的人。

第二，对家庭的承诺。

一位专家是这样描述的：“承诺有两个方面。每个家庭成员都受到重视；每个人都得到了支持和维持。与此同时，他们作为一个整体对家庭负有责任，有团队意识。”

第三，足够的相处时间。

报告中表示幸福的家庭会花时间在一起，并且相处时间的数量和质量很高。研究通过家庭活动的数量和家庭成员在一起的享受程度来评估家庭功能。这里，你可以回忆一下前几章我布置过的作业和各种小活动，你在完成的同时，是不是也增加了家庭相处的时间？

小结：**“身”的这个部分强调家庭中任务明确、有规则、有边界，成员间可以相互支持，其实是营造一种有安全感的家庭氛围。**

心：相互支持、认同和尊重以及表达感激

第四，相互支持、认同和尊重。

报告认为幸福的家庭能培养对家庭的归属感，也能培养个人的力量和兴趣。成员享受这样的家庭结构，它既提供了结构与规则，又不限制他们。就像泰戈尔的那句诗所描述的：“让我的爱像阳光一样包围着你，而又给你光辉灿烂的自由。”哈哈，估计孩子听到这句话都会异口同声地说：对，这就是我想要的！

第五，表达感激。

感激是家庭成员提供高水平的正强化反馈的一种方式，同时也是一种可以用积极视角来从对方角度增进彼此理解的能力。

小结：**“心”的部分强调的是如果一个家庭中成员间相互尊重、彼此认同，能够表达感激，带给人的感觉将会是接纳的、尊重的、让人感觉到温暖和关爱的。**

育：社会联系、有效的沟通模式以及适应能力

第六，社会联系。

研究表明：成功的家庭不是孤立的，他们与更广泛的社会联系在一起。社会联系的一个影响是外部资源的丰富性，研究认为这对家庭有效应对内外变化很重要。

第七，有效的沟通模式。

强大家庭的沟通模式是清晰、开放和频繁的。家庭成员之间经常交谈，当他们交谈的时候，对彼此都是诚实和开放的。

第八，适应能力。

适应能力指的是一个家庭适应压力和潜在破坏性事件的能力，以及对可

预测的生命周期变化的能力，这是家庭稳固的一个重要特征。强大的家庭是那些有能力吸收和应对压力的。生命周期的内容我们也会在家庭教育板块专门来讲。

小结：**“育”的部分考验一个家庭是否具有较高的抗风险、抗挫折能力。**

通过整理这些研究内容，你可以发现，报告中对幸福家庭的特点描述，很少涉及外在物质方面的内容，更多是内在的精神、情绪、感受、能力等方面。而这些，也正是家庭文化的重要组成部分。

经过学习，咚咚家的家庭氛围有了很大的改善。

过去，爸爸和妈妈总是为咚咚的学习情况而争吵，相互抱怨。爸爸指责妈妈总是放纵儿子，而妈妈则反击说爸爸对儿子的学习根本不上心。

现在，爸爸妈妈都参与到咚咚的学习过程中来。爸爸负责帮助咚咚规划长期学习计划和指导学习策略，以及在咚咚遇到困难时进行思想教育。妈妈则是按照爸爸订立的长期计划，监督并帮助咚咚按时完成每天的任务，并在咚咚和爸爸意见不统一时，扮演调解员，做家庭的观察者。咚咚会在力所能及的情况下帮助妈妈做些家务，也会在周末跟着爸爸学习修理电器。当咚咚遇到问题时，一家三口都会坐到一起开一场小型家庭会议，大家共同商讨出一个解决的办法。

从今年起，咚咚一家决定未来每年全家人至少有一次为期十天左右的长途旅行，每个月至少进行两次户外活动。如果情况允许，他们还会邀请优优一家一同外出游玩。

从这个例子你可以看到，咚咚一家已经初步具备了幸福家庭的几个要素，例如：在学习上爸爸妈妈相互合作、支持，明确并尊重各自的分工；通过全家共同参与的集体活动，确保足够的家庭时间；在家庭会议上培养有效的沟通习惯；联络优优一家，建立社会联系，确保他们这个小家庭外部资源的稳定状态。

怎么办

先探索

探索方向：小家风——大方向

中国古代诗人屈原在《卜居》中写道："夫尺有所短，寸有所长；物有所不足，智有所不明；数有所不逮，神有所不通。"同样，人们的家庭文化跟家庭的生态系统相关，没有好坏之分。比如：我到了过于严谨的家庭中会感觉拘束，而你可能到了过于自由的家庭中也会有不确定感。

这是因为每个人的性格、喜好、环境、背景都不同，从而会对家庭生态环境有着不同的偏好。

这跟我们最早讲孩子的独特性、自我的系统一样，人们的家庭文化也都有着各自的独特之处。既然要建构它，就首先需要探索出一个方向。

比如，我的恩师卢勤老师多年来呼吁家长"不要留给孩子财富，要把孩子培养成财富"。我还采访过中宣部前常务副部长徐惟诚，他对孩子的期望只有两点："一是要能养活自己，二是做个好人。"

还有一次，我带一些家庭和外国来的校长们座谈时，一位爸爸说起他养育孩子的原则时，引用了《论语》中的"仕而优则学，学而优则仕"。所以，建构什么样的家庭文化，你自己的需要和愿望很重要。

在家庭治疗中，我曾遇到过这样一个案例：

作为公司领导的丈夫在咨询室里连连叹气说："唉！我管得了一个上千人的公司，却管不好我的家庭，我妻子对孩子要求太多太高了，不顾孩子是不是能接受，能填多少填多少。天天把家里搅和得鸡犬不宁。”

妻子一听火大地怼回去：“你一天天不是晚回家，就是出差。孩子、家务你什么都不管，我管孩子看不到我的辛苦不说，还各种挑我的不是。”

从这个例子里，你可以想一想：丈夫在“鸡犬不宁”里“贡献”了什么？而妻子又在丈夫“什么都不管”里起到了什么“积极的作用”？

雪崩时，没有一片雪花是无辜的。其实，在家庭中也一样，家庭当下的状态，家庭里的每个人都贡献了力量。当你在家庭中时，请把目光从“我”转移到“我们”，不是“我做了什么，他没做什么”，而是“我们做了什么”。

我在欣欣很小的时候就有意培养她读书的兴趣。她小时候，我每天都给她讲故事，家里的图书讲完了，我会到书店里去搜罗各种各样有趣的故事，回家后再讲给她听。等到她再大一些，爸爸会经常跟她分享一些读书心得，欣欣也会和我们交流她听故事的感想。现在，在晚饭后，我们家经常能看到的画面就是：我先生靠在沙发上捧着他的《道德经》悟道，我坐在沙发另一边看我的心理学书籍，而欣欣则会靠在我腿边看她的故事书。我们一家都很享受这样安静而平和的晚间时光，各自烧脑，各自安好。所以一个“个人愿望”发展成“家庭共识”需要所有家庭成员，也就是“我们”一起协作。

探索现在：我的家庭调色盘

你现在的家庭文化密码是什么？

用红、黄、蓝三原色可以调出任何你想要的色彩，家庭中也是一样。如果你把家庭文化比作一个调色盘，这个调色盘里的色彩都是谁贡献了哪些部分呢？

家庭中，通常妈妈参与了更多养育孩子的工作，而父亲更多的是给予孩子教育、理性和方向。就像人们通常用蓝色来代表男性，用粉色代表女性，孩子是茁壮成长的绿色，理想的家庭色彩可以是晚归的那盏灯透出的温暖的橙色。

娜娜一家也做了这个活动，最后共同完成了他们一家的调色盘。

爸爸：性格随和，善于决策，但是会纵容孩子。自我评估，是温和冷静的浅蓝色。

妈妈：性格执着细致，有事共同商量，对于决定下来的事情，比较有原则性，甚至比较刻板地坚持。自我评估，是执着的紫红色。

娜娜：追求个性，有主见，喜欢挑战未知新鲜的事物。自我评估，是充满激情的红色。

理想的家庭颜色：蓝色+橘色+粉色+绿色=理性平静+关怀温暖+浪漫和爱+理解包容。

你也可以通过家庭调色盘在家庭中探索，看看你想要的家庭是什么样的。

探索过去：家庭故事循环

建构不是无中生有，是在原来的基础上设计、美化。所以，你确定完方向，就要来探索原生家庭和核心家庭中过去已经存在的内容了。

在此，我给大家介绍一个“家庭故事循环”的方法。故事越循环越深入，也就越系统。首先可以从内容循环开始：

以前，我认为欣欣的爷爷、奶奶教育孩子的原则是独立。因为我们结婚、买房、买车等生活事件都是靠自己，在家里沟通的内容也都是事务性的，一切都条理清楚，所以我形成的一个认知就是：爷爷、奶奶都是大学老师，大学里的风气和知识分子的特点决定了他们教养孩子的态度。

直到有了欣欣，我发现爷爷、奶奶对待欣欣的态度很亲密，奶奶一边喊着让欣欣减肥，一边跟着电视学做各种创新菜。爷爷接欣欣放学，一回家就说：“来，爷爷给你放动画片儿。”

欣欣在家里可以任意表达，也会和他们腻在一起，有非常多的肢体接触，这些亲密行为在爷爷奶奶和子女之间却很少见到。

有一天我跟奶奶聊天，她说到自己当时被保送的重点高中离家很远，交通落后，以至于不能经常回家。她是家里的老小，上面有两个哥哥一个姐姐，一直是家里的掌上明珠。骤然离家，奶奶高中的前两年都是在想家的痛苦中度过的。

奶奶也由此认为，不能太溺爱自己的孩子。但从她对欣欣的态度可以看出，她从小被溺爱的那部分感受并没有忘记，当教育的责任没有那么重要时，还是会表现出来。

了解这些后，我对奶奶的故事进行了修改。

前年回欣欣爷爷的老家时，欣欣的二爷爷拿出族谱和家族的相册，又听到了爷爷小时候的故事，我又对欣欣爸爸的原生家庭有了新的认知。当然，以后再有新的故事，有可能我还会有下一个认知。

这个环节，其实是一个增加思维弹性的训练，每多一份新信息，原来的固有评价和判断就会受到一次挑战。

所以，多多搜集一些家庭故事，你可以从家庭成员在不同的时代背景、家庭文化和家庭关系中，更深刻地理解对方、理解家庭。

家庭故事还可以在不同时间循环，有些事情你当时是一种理解，过几十年又是另外的理解。

朱自清在《背影》一文中写道："他嘱我路上小心，夜里警醒些，不要受凉。又嘱托茶房好好照应我。我心里暗笑他的迂……唉，我现在想想，那时真是太聪明了！"在描述父亲去给他买橘子的情景时，他写道："他用两手攀着上面，两脚再向上缩；他肥胖的身子向左微倾，显出努力的样子。这时我看见他的背影，我的泪很快地流下来了。我赶紧拭干了泪，怕他看见，也怕别人看见。"最后在描写读父亲的信时又写道："在晶莹的泪光中，又看见那肥胖的，青布棉袍，黑布马褂的背影。唉！我不知何时再能与他相见！"

这篇文章描写了深沉的父爱和孩子的不理解。这跟我们中华民族“情不外露”的文化有关。中国是礼仪之邦，推崇“仁义礼智信，温良恭俭让”的文化，人们更崇尚婉约。《背影》这篇散文中，作者也是多年后在记忆中的画面里体会到父亲深沉的爱。作者在不同的时间循环后理解了父亲，并后悔自己当年的“聪明”。

再建构

建构家庭文化三要素

探索，帮助你客观理解你现在家庭中的主要文化因素，在这个基础上再开始建构自己的家庭文化。建构家庭文化时可以注意以下三个要素：

（1）建通道。

通道就是沟通。

我形容好的沟通就像一套运转良好的齿轮。首先，你要表达，在表达中你要注意针对性，比如齿轮可以大小不同，但是轮齿和轮槽方向要一致，就像我们沟通时不能一个说东，一个说西。除此之外，还要注意齿轮的啮合，你说的时候我听，我说的时候你听，不能你和我全都想要抓着麦克风不撒手，这样就没有人能说上话了。

其次，要注意对话的内容、非语言信息、沟通对象的特点等。

在欣欣上小学之前，我给她讲故事时特别注意语气语调。

我给她讲过一个故事：“在动物世界里啊老虎大王很威风！而它的师傅猫却没有什么权势，心里很不满，就去找老虎说：‘我可是你的师傅，你现在是一山之王，总得给我点好处吧！’老虎很为难：在众多的动物中猫的实力不算出色，可是它又是自己的师傅。这该怎么办呢？”

我接着问欣欣："如果是你，你会怎么办？"

欣欣说："我会对它说：你还有一项本领没有教给我呢！限你在两天之内把那个本领教会我，然后我再考虑你的事情。"

我问："一听你就很了解它们的故事，那还有别的应对方式吗？"

欣欣说："第二种办法，我跟它说先考虑两天，然后马上找来非洲的猎豹、大草原的狮子，和好朋友一起商量这个难题，听听大家的意见。"

你从欣欣的第一种办法里看到了什么？这是6岁的孩子所能够理解的简单置换，而不是成人世界里的谈条件。你理解了她，才有继续沟通的可能性。如果我批评她"你怎么这么自私"之类的话，非但她听不懂，交流的通道也会关闭。

还有，我编这个故事并不是无的放矢，而是因为她马上就要上小学了，要面临更复杂的人际关系，用故事促进她思考，了解她处理关系的能力现状，是再好不过的了。

在做"知心姐姐"工作时，卢勤老师就曾告诉我们：跟孩子交流，要把道理藏在故事里。即使是成人，也很难看得下去哲学书，比如传递了中华传统文化的《论语》也不是孔子的理论，而是孔子的弟子和再传弟子根据孔子及其弟子的言行编成的语录集，每段语录都被世人通过一个个小故事流传和认知。

因此，对孩子来说，讲故事是最高明的讲道理。

前面这个例子中的内容、语气，还有根据沟通对象编的故事，希望能帮你掌握沟通齿轮的关键点，建立起一个有效的通道，使你要表达的内容和孩子接收到的内容有更高的一致性。

（2）合时宜。

时就是时间段，宜就是适宜。

德国著名心理学家艾宾浩斯研究出一条遗忘曲线，他通过实验，研究出人们在学习中遗忘的规律，如果不复习，一周后只剩13%。放在生活中，无用的内容，很快就会被忘记。

前面提到的T.E.S.远序四步法，其中的第一步就是解决问题，因为人只有在需要的时候才会专注思考，道理只有在需要的时候才能被记住。正如妈妈刚生完宝宝时，最关注的一定是各种育儿信息。随着孩子的成长，父母关注的话题也在不断变化。跟孩子沟通时，尽量讲跟他当前相关性大、能听得懂的内容，他才会因为需要而积极思考，最后整合成真知道。这样亲子交流的时间才会变得更有价值，也避免给孩子造成混乱，还有时间的浪费。

合时宜能更大程度地促进孩子思考。托尔斯泰说过："知识，只有当它靠积极的思维得来，而不是凭记忆得来时，才是真正的知识。"

优优和妈妈之前一直在优优使用手机这件事上有分歧。优优声称用手机可以方便自己查资料，从而更快地完成作业；而妈妈认为学习有书本就够了，她自己原来上学时连计算器都没有。但这话优优一句就给怼回去了："老妈，您那都是哪年哪月的事儿了，我们班哪个同学没有手机。"显然，优优妈妈拿过去的经验教育孩子，是行不通的。

后来，妈妈经过思考，也认识到现在的社会不可能杜绝孩子使用手机。于是，妈妈结合自己工作中的管理经验，坐下来平等地和优优协商，最后，制定了两人都能接受的手机使用规则。

通过这个例子，我们理解了"合时宜"的重要性。在实施家庭教育的过程中，需要考虑教育对象的年龄、性格等特点，他所处的环境特点，以及当前的社会发展现状。

罗马不是一天建成的，自律也不是一天就能形成的，给孩子合时宜的权利，建立合时宜的规则，才能让孩子的身心得到更好发展。

（3）简明要。

在家庭互动中，我们要尽量用**简单明确**的话语阐述**重要**的道理。

小时候父亲经常跟我谈话，而让我记忆最深刻的总是那些简明扼要的词句，例如：自尊、自爱、自立、自强；大处着眼、小处着手；戒骄戒躁、不要眼高手低；前三十年看父敬子，后三十年看子敬父；等等。

第一句话让我从来不会生出过度依靠他人的心理。

第二句话是我用一生在实践和领悟的内容。

第三句话，我觉得是父亲基于对我的了解而有针对性的教导。

第四句话里，一方面隐含着彼此为对方骄傲的意思，另一方面是父亲在教育我：小时候得到的尊重很多是来自父母和家庭，想得到长久的尊重还需要自己努力，并且成为父母的骄傲。

因而，你要讲给孩子的既是大道理又是简单的话语，让他们随时能想得起、用得上。这些内容也是你对人生的凝练和总结，对家庭文化的继承和发扬，正是这些内容建构起你独特的家庭文化。

建构家庭文化的重要性就像把一个房子变成家。

“我的房子”和“我的家”可能描述的是同一个事物，但二者却有本质的区别，前者只是客观地从物质层面来描述你的住所， 而后者则包含了人、关系、记忆等，是带有情感色彩的。好的家庭文化，是可以帮你把一所房子变成温馨家园的重要因素。

希望你能够通过建设家庭文化，成为智慧的父母，成就幸福的家庭！

真知道拼图

现在，请你来回顾本章的知识要点。请在对应的拼图里涂上相应的颜色：红色=非常好，黄色=基本掌握，蓝色=继续努力。

第一块，家庭文化需要家庭成员共同建设。

第二块，家庭文化对家庭成员的影响以及成功家庭的共同点。

第三块，建设家庭文化的要点。

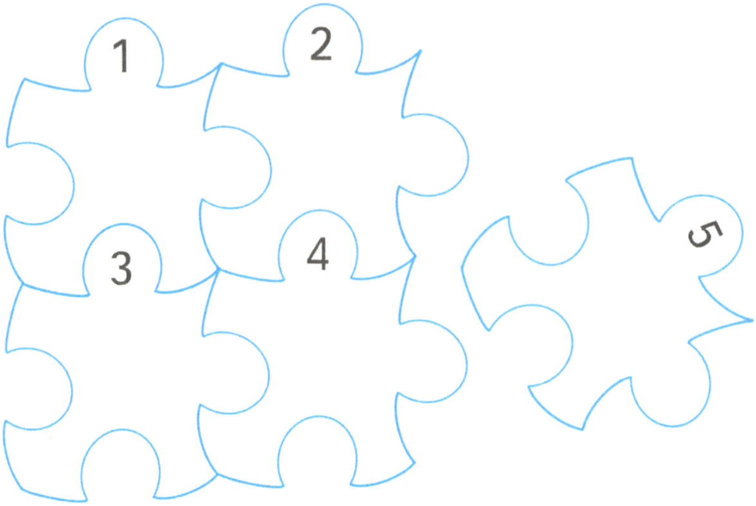

【读个故事停一停，然后请你评一评】

咚咚的妈妈发现儿子最近在很多事上表现得有点“墙头草”。好几次在妈妈和爸爸对一件事意见不合时，咚咚总是会选择支持一方。然而，经过观察，妈妈发现咚咚每次站队并不是因为他认同那一方的观点，而是他能通过自己支持对方的举动得到好处。

比如有一次，爸爸想要熬夜看世界杯比赛，妈妈认为爸爸半夜两三点还看球赛会影响家人休息，而且第二天爸爸还要上班，睡眠不足会影响爸爸的工作状态。可爸爸是意大利队的忠实球迷，本场比赛关系到他支持的球队能不能杀进总决赛，他是无论如何都不肯放弃观看的。就在爸爸妈妈僵持不下时，咚咚选择支持爸爸，他说爸爸平时工作辛苦，也要给自己的爱好留点时间。爸爸听了大为感动，之后背着妈妈私下用手机给咚咚转了一笔零花钱作为奖励。

结果二比一，妈妈最后只能捏着鼻子，同意了爸爸看球赛。可妈妈后来发现，咚咚其实是想借着爸爸看球赛，妈妈盯着爸爸，两个人都没空管他的这个空子，自己一个人能偷偷熬夜玩手机。

等到过几天爸爸检查咚咚作业，发现咚咚没按时完成，要批评他时，咚咚就以“你这么大人了不是还熬夜看球赛，我一个小孩子玩会儿游戏不是很正常吗”来反驳爸爸。

如果爸爸还不依不饶，下次再有纠纷时，咚咚就会选择站在妈妈那一边来“抵制”爸爸。通常咚咚的支持都会让妈妈心花怒放，随后几天咚咚就会从妈妈那里收获一份礼物或者一顿大餐作为嘉奖。

你来看看是什么让咚咚形成了当前“两面派”的性格？（请根据本章所学，写下你的看法。）

“T.E.S.”探索表

三分着手点	你会怎么做?	有助的行为
身		
心		
育		

第九章

发展家庭文化

从现在起，建立家庭规则、培养家庭习惯，用家庭中的美好时光，
建构父母和孩子温暖的回忆，给孩子传递一生的幸福。

欣大侠的小故事

我一直都在有意识地培养欣欣做一个会体察别人心情的人，教导她要注意说话的语气，和别人说话时不要把自己的坏心情发泄到说话对象身上。

结果，欣欣经常化身为爷爷奶奶和姥姥的保护人，指控我和欣欣爸爸对他们说话时态度不够好，无意中又大嗓门了。我和欣欣爸爸时常在欣欣有理有据的批评下欣然认错。

有时，欣欣也会自我反省。

有一天，欣欣过来告诉我："妈妈，我刚才对爸爸说话语气不好，我突然意识到这一点，就向爸爸道歉了。"说完，她就站在那里眼巴巴地看着我，我这才反应过来，原来这小姑娘是在等待我的夸奖呢。

类似的事情不止一次发生。

前些天，有一次吃完饭我打算下楼遛弯儿，问欣欣要不要和我一起去。

欣欣略显不耐烦地说："不去！您是没事，我作业还没写完呢，您到时候又不会晚睡觉陪我！"

听她这么说，我觉得很有道理："那你写吧，我下去了。"

等到楼下，没几分钟就接到欣欣的电话。电话里欣欣试探着问我："妈妈，您刚才是不是觉得我语气有点儿针对您？"

"没有啊，我能感觉到你是因为作业没写完有点焦虑，语气稍微差了点儿。"

欣欣松了口气，"那就好，我爸从厨房出来，说我刚才不应该那样跟您说话。"

我安慰她："没事儿，我能理解你，快写作业吧。"

即便如此，欣欣在挂电话前还是又和我强调了一遍，"我就是和您说一声，我不是故意的，您可千万别介意啊。"

故事汇

父母对孩子的爱，通常被孩子当成理所当然；孩子对父母说话，也总是不自觉地表现得语气不善，我们也一样。

所谓“理所当然”和“不自觉”都在暗示着一个问题——其实在很多时候，矛盾都是经过长年累月的积攒，最后才在某个时刻，经由某件小事作为导火索，突然间引爆的。

中医有言：上医治未病。就是说最好的医生不在于妙手回春、药到病除，而是在于如何在身体出现问题之前，先一步调理身体、进行预防，注重平日的保养，根本原理就是——不给疾病的“到访”来开门。

家庭文化与这个道理有异曲同工之妙。良好的家庭文化，是家庭冲突的缓冲器。家庭成员在遵循系统内在规则的同时，就可以有效化解或调和日常生活中难以注意到的隐患，从源头上掐断未来家庭“世纪大战”的可能性。

欣欣发现了自己语气不好，就及时道歉，我和她当场化解这一点小小的不愉快，这样才不会在未来引发更大的冲突。同时，也让孩子学习到不需要畏惧冲突，学会开诚布公地直面矛盾。

人们生活在家庭之中，看似什么特别的事情都没做，但是日常生活中人们的一举一动都是在为各自的家庭文化添砖加瓦。区别只在于，有些人是有意识、有计划地经营自己的家庭文化，而另一些人则是无意识地放任自己的家庭文化野蛮生长，直到某一天不可控的危机骤然显现，一家人站在悬崖边上，凛冽寒风扑面而来时，才恍然大悟：原来早在很多年前，自己一家就已经坐上了一辆偏离了正轨的列车。

本书到了最后一章，相信你也从关注孩子，到关注自己，再逐步开始关注家庭。在前面两章中，你了解了家庭文化的需要，探索了家庭文化的现状，学习了如何初步构建家庭文化。本章，将继续这个话题，浅谈家庭文化的发展。为什么说是“浅谈”呢？因为发展家庭文化是最后这个模块中最丰富的、最深入的，也是最难的部分。

家庭文化的形成是一个长期的、持续性的过程，它需要每一位家庭成员不间断地维护。每一件小事，都会对家庭内部的生态系统造成影响，在完成了大框架的建构以后，之后的有效发展才是一个良好的家庭文化得以长存的关键。

你真知道吗

如果你问孩子，爸爸妈妈最常跟他们说的三句话是什么，你猜猜他们会怎么回答。为什么他们能够记住这三句话？

这些话语里，哪些是你刻意想传递的价值观？

哪些又是我们无意识的却让孩子印象深刻的？

哪一句话能带出一个亲子间经常发生的场景？

哪一句话给你们带来了美好的回忆？

序号	爸爸最常和孩子说的三句话	妈妈最常和孩子说的三句话
1		
2		
3		

是什么

发展从哪里开始

在讨论家庭文化之前，你不妨先思考以下几个问题：

· 家庭文化能发展吗？怎么发展呢？

· 你想给的和孩子想要的，哪一个更重要呢？

· 如果让你想一件小时候和父母家人一起做的开心的事，你能想到什么？

家庭文化虽然是个大概念，但它却是通过一个个小小的、具体的事件来体现的。

比如：工作繁忙的爸爸能陪伴孩子一起玩耍，具体做什么可能对孩子来说并没有那么重要，重要的是和爸爸在一起的亲情时光，感受到爸爸的爱和重视。妈妈热衷的生活方式会给孩子留下深刻记忆，对孩子的生活观念有着潜移默化的影响。

最近，娜娜又从网上买了一批新衣服，妈妈看着娜娜衣柜里小山似的衣服、饰品，又看看娜娜床上摊开的裙子、外套，忍不住感叹：“我怎么生了个这么爱臭美的闺女？”

谁知道娜娜头也不回地说：“我这么爱臭美不是妈妈您教的吗？”

妈妈听了有些不服气，反驳道：“这和我有什么关系？我可没教你买这么多衣服。”

娜娜见妈妈不认账，赶忙帮妈妈回忆：“您再好好想想，我上小学前，您工作还不忙，那时候您每天都会给我编好看的头发，每年还会给我织不同花样和颜色的新毛衣，过‘六一’儿童节和过年也都会给我买新衣服。我穿上新衣服后，您那会儿还特别爱给我拍照，然后照片洗出来了就拿着到单位去给其他同事显摆。这么一看，可不就是您带着我从小爱漂亮吗？”

经娜娜这么一提醒，妈妈才想起这些好像已经遗忘的过往，顿时哑口无言。

娜娜的妈妈在娜娜小的时候曾经很热衷于打扮女儿，那时妈妈看到像洋娃娃一样的女儿会高兴地称赞娜娜。后来妈妈事业上了一个台阶，变得繁忙起来以后，就把更多的精力放到了工作上，也不再像女儿刚出生那几年时精心为娜娜准备新衣服了。妈妈可能已经将这些往事淡忘，可对娜娜而言，幼时妈妈对自己美丽的夸奖，却在她的心里留下了深刻的印记。

娜娜对“美”的追求扎根于童年的记忆之中，她长大后时刻注意自己的外表，可能也或多或少受到了幼年记忆中那个“妈妈看到可爱的自己会高兴”的印象的影响。只不过随着娜娜年龄的增长，她开始对审美有了自己的定义，每当她对美的诠释和妈妈产生分歧时，母女之间就容易发生争吵。

其实如果寻根问底，探寻娜娜的深层心理，就能发现，这份“臭美”的表象之下，其实是母女俩在多年前就留下的爱的联结，直到多年后这份爱依旧没有消失，只是换了个形态在母女的心湖之中回荡。

很多时候，家庭中的争吵并不意味着亲子双方绝对的对立，如果双方能够静下心来仔细琢磨，就能拨开“矛盾”这层外壳，发现埋藏在冲突之下父母与孩子殊途同归的真相。

魔鬼藏身于细节之中，而爱则躲藏在平淡生活中每一件鸡毛蒜皮的小事里。家庭文化的发展，其实就是一场不断挖掘各种细节，家庭成员携手共进的探寻之旅。

为什么

家庭传递给了孩子什么

有一天，优优从学校放学回来，突然问妈妈："妈妈，我们班上小朋友的爸爸妈妈开的车都是保时捷、奔驰、宝马，为什么咱家的车是东风雪铁龙？"

优优妈妈听了女儿的话，先是愣了一下，随后很生气地训斥优优："你小小年纪怎么就这么虚荣，就知道和别人攀比，别人家开什么车和你有什么关系？"

优优被妈妈训了一顿，心里很委屈，忍不住大声反驳："明明你平时还总是让我和班上的其他小朋友比成绩、比特长、比考级证书呢，我凭什么不能让你和其他爸爸妈妈比一下开的车了？"

如果你是优优的妈妈，你会怎么回答女儿的问题呢？

其实，孩子在很小的时候就能感受到社会上的种种差异，这时候他们有疑问是一种很正常的反应。虚荣是成年人给出的概念，父母在对孩子下定义之前其实可以想一下，你是否在用你的眼睛看孩子的世界？孩子又为什么会问出这样的问题？

优优的妈妈在生活和工作中都很注意外界对她的看法，别的家长给孩子报了三个辅导班，她就不能给优优报两个。优优的好成绩一直以来都是她在其他家长面前挺直腰杆的重要来源，她无时无刻不在向优优灌输"要比别人优秀"的观念。在优优的家庭文化中，与别人比较是一件很寻常的事。这次她看到其他小朋友家里的车和自己家的不一样时，优优心里有了疑惑，她是因为信任妈妈，才会直接向妈妈提问来寻求解答，可是妈妈却批评了她，这让优优感到很不公平。

很多时候，父母经常无意间做出的行为，其实已经在不知不觉间构成了家庭文化，并传递给了孩子。但父母往往不自知，因为有时连他们自己也没有弄清楚这种比较、攀比行为背后的意义。这也是本章开篇那个思考表格想带给你的观察。家庭文化的最初形成，大多是由父母主导，所以有时不是孩子焦虑，而是父母焦虑，不是孩子自卑，而是父母自卑。孩子理解的，其实就是父母不经意间传递出的信息。

在你的家庭中，你想要传递给孩子什么信息呢？给你一个实用小工具——绘制T.E.S.“家庭感觉图”，可以帮助你了解当前家庭中最突出的感觉。

1. 请你邀请所有的家庭成员围坐在一起，把每个人对家的感觉都写在一张纸上。然后大家共同绘制出一个任意形状和颜色的图。

2. 在这张图里，请用最大号的字体来表达你们对家最突出的感觉，用小号的字体来表达一般的感觉。

3. 在绘制这个图的过程中，每位家庭成员都要关注其他人的感觉是什么，怎么来的。

4. 最后，请家庭成员共同选择三个大家公认最重要的感觉，把它们圈出来，这就是你们家中最重要的感觉，也是父母想传递给孩子的家庭感觉。

家庭传统对健康和幸福影响的研究

在美国，一项对过去五十年研究项目的回顾发现，对于努力满足工作和家庭需求的繁忙家庭来说，家庭惯例和仪式对他们的健康和幸福很重要，能帮助家庭在压力和过渡时期提供稳定感。

这项研究指出：家庭惯例和仪式与婚姻满意度、青少年的个人认同感、儿童健康、学术成就和强大的家庭关系相关。

他们在调查的32项研究中，最常见的惯例之一是晚餐时间、就寝时间、家务以及诸如打电话或拜访亲戚等日常活动，最常见的家庭仪式是生日、家庭团聚、传统节日、婚礼、葬礼等活动。调查显示，在婴儿期和学龄前，如果家庭有可预测的日常活动，孩子们会更健康，他们的行为也会得到更好的规范。

研究表明，与作息时间不规律的孩子相比，有规律就寝时间的孩子入睡更快，晚上醒来的次数也更少。规律作息可减少婴儿的呼吸道感染症状，改善学龄前儿童的健康。

美国心理学家芭芭拉·H.费瑟博士说：“仪式涉及象征性的交流和传达‘我们是谁’，个体作为一个群体中的一员，并在意义上提供世世代代的延续性。而且，行为一旦完成，往往会留下情感印记，人们可能会在记忆中反复播放它，以重新获得一些积极的经历。”

家庭聚餐时间的重复性质可以让家庭成员更好地了解彼此，从而更好地养育孩子，养育更健康的孩子，并提高学习成绩。

可见，每天用心、专注地享受一起用餐时间，这件小事儿就可以对家庭的健康和幸福起到积极的影响。

发展家庭文化的作用

获取家庭幸福

家庭传统与家庭成员的健康和家庭幸福高度相关。大多数人最初建设一个家庭的目的都只是让今后的人生更幸福。而家庭的幸福从何而来？还记得前文曾提到的家庭生态树吗？

家庭文化是树根，是深埋在土壤之下、看不见摸不着的部分，可是如果没有树根提供养分，就无从谈及枝叶的茂盛。但这部分内容往往最容易被忽视，所以在此我想格外强调并希望引起你的重视。

现在，你能从网络上看到各种有关家庭教育的知识，可是一个家庭的经营既不是靠今天听到东家方法不错，明天听到西家的招数好使堆砌起来的，也不是看了一本书、上了一节课就能醍醐灌顶领悟出来的。家庭文化的建设依靠的是每一个家庭成员通过发现自己以及自己家庭中的特点、优势，将其总结、整理，最后沉淀、固化下来的。

获得稳定安全的感觉

人们在一个团体中，会感受到它特定的氛围。比如在国企、外企或者传统行业、新媒体公司等不同的单位就职，所感受到的氛围都是不一样的。

现在年轻人择业时，越来越多开始考虑一个公司的企业文化。如果说一个公司没有自己的企业文化，就像一辆没有刹车的汽车，那么一个成年人没有稳定的目标，今天做厨师，明天做司机，后天又要去做销售，这个人同样也会失去目标，迷失在人生的道路上。当人有了目标，并专注于此，才能做出成绩来。

马斯洛的需要层次论中，最基础的需要就是安全感。稳定，是能给人带来安全感的重要因素。当家庭文化相对稳定时，你所有的选择就不会那么随机，也不会被“别人家的孩子”的优秀刺激得痛苦和焦虑。因为你知道自己想要什么，孩子也会在相对稳定的状态中获得更大的安全感。

由优优一句“我家为什么没有宝马”这个问题引发的争吵其实还有后续：

在被优优反驳后，妈妈做了自我反省，并为自己之前的态度向优优诚恳地道了歉。妈妈把自己一家的家庭条件很客观地向优优进行了解释，肯定了爸爸妈妈各自为家庭所做出的努力，也坦陈了家庭经济现状只是中等水平。

妈妈鼓励优优说，如果优优想要更好的物质生活，未来可以通过自己的努力来争取，现阶段爸爸妈妈已经给了优优他们能力范围内所能提供的最好生活了。优优听明白后，不再纠结于豪车，反而很高兴爸爸妈妈给了自己最好的。妈妈很欣慰，告诉优优：比起以后买豪车、赚大钱，妈妈更希望优优做一个精神富有的人。

那之后，优优再遇到同学炫耀新买的球鞋、手机时，不再心浮气躁，有时还会犀利地反驳回去：“我的爸爸妈妈虽然没有给我买新手机，可是他们是最爱我的，而你在用父母辛苦赚的钱炫耀什么？”

优优确定了爸爸妈妈对她的爱，她的心就稳定了下来。其实对优优来说，父母对她的爱是最大的财富，远比几套房子、几辆豪车、名牌手机更能提供心理上的安宁。

传承家庭文化

家庭文化与教养理念和教养方式最大的区别就是传承。这种传承在相当长一段时间内相对稳定，不会随社会、环境、经济的变化而发生改变。一个家族、家庭、父母智慧的传承才是最精华的生命延续。没有人可以长生不老，没有人的“身”能陪伴孩子一生，但是“育”可以，智慧可以，家庭文化可以。人们发展出来的特有的家庭文化更是可以代代相传，成为陪伴孩子终生的力量。

从欣欣四五岁开始，关于安全教育、为人处世的原则、性教育、生命教育、人生定位、交友甚至婚姻的原则等内容，我就陆续跟她开展过多次深入的讨论。从她八九岁起，我就经常说，即使欣欣现在离开家生活我也不担心，因为我相信她有原则、有家庭文化熏陶，会是安全的、温暖的、有爱的、积极的和有力量的。剩下的部分就是她自己的追求和选择了。

很多厌学、辍学的孩子，之所以迷茫，是因为他们未能获得来自家庭文化的熏陶，未能获得坚定的方向，他们感到人生好像是无根的浮萍，不知道要漂向哪里。他们需要花费相当长的时间去寻找和发展自己的根系。

怎么办

家庭文化T.E.S. 原则

马斯洛需求层次理论中强调，人最基本的需求是生理需求：呼吸、水、食物、睡眠等。第二个是安全需求：人身安全、健康保障等。第三个是归属需求，通过爱情、友情、亲情获得。第四个是尊重需求，包括信心、成就、尊重他人和被人尊重。最高的需求就是自我实现。

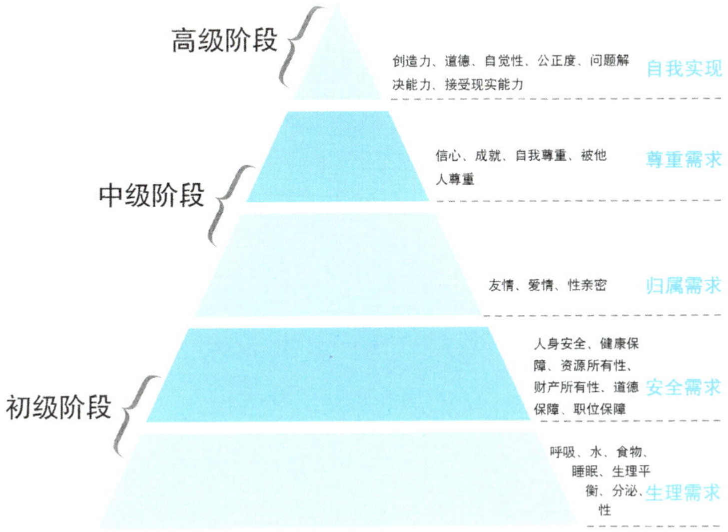

马斯洛需求层次理论

本章内容讨论的家庭文化建构的“三原则”跟这个理论也非常匹配。

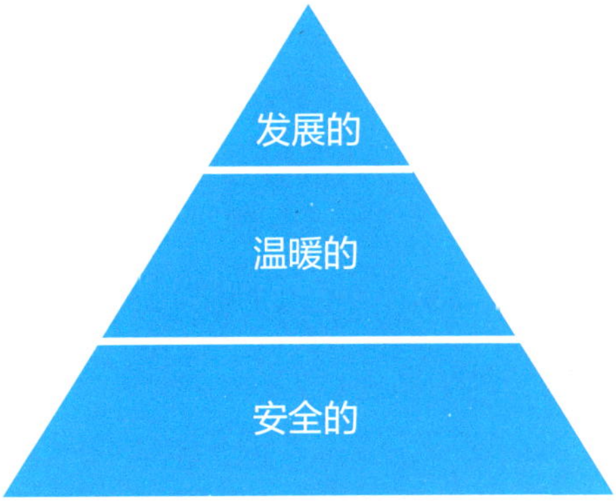

T.E.S.家庭文化建构三原则

你所建构的家庭文化首先是安全的和温暖的。安全的，就是家庭满足了生存的最基本的需求，即“身”的需求；温暖的，就是每个家庭成员得到支持，即“心”的需求；而发展的，就是能够获得成就感和价值感的部分，即“育”的需求。它正对应了人们身、心、育三分的原则。

这里给你一个“家庭文化T.E.S.原则”探索表。在发展家庭文化的过程中，你可以尝试用一周的时间观察和思考当下在家庭中有哪些具体的行为、习惯、决策可以达到这三个方面，并记录在表格中。然后和家庭成员共同探讨，还可以增加哪些方面的内容。

“家庭文化T.E.S.原则”探索表

三分原则	现有的行为、习惯、家庭决策	增加的行为、习惯、家庭决策
身（安全的）		
心（温暖的）		
育（发展的）		

“家庭文化T.E.S. 原则”的行为特点

在家庭中，什么样的行为遵守了“T.E.S.三分生态系统”的原则呢？

马斯洛说过：安全感是一种从恐惧和焦虑中脱离出来的信心、安全和自由的感觉，支撑生命和心理健康。所以这部分是最基础的需要。从生态的角度讲很好理解，一个家庭里如果有一只不被接纳的宠物，它将很难高质量、长时间地在这个家庭里生活。

如何才能体会到**安全感**？这部分的行为特点是**接纳**，通过以下这四种有助的行为，可以帮你提升孩子被接纳的感觉。

有助的行为之一是积极回应，就像人们在微信发朋友圈就有朋友点评，这让当事人感觉到自己的表达被听到了。

有助的行为之二是赞美，总能看到孩子的优点并且赞美他，还可以通过你的分享让他在亲友系统中也获得赞美。

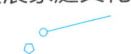

有助的行为之三是关注，在家庭中，就是要关注孩子表现好的、普通的和不好的状态。

有助的行为之四是仪式感，比如家庭定期聚会。

为什么要有仪式感？仪式感是通过确定的仪式带给人掌控感，是带给人心理稳定的非常有用的外化方式。从孩子的表现就可以发现，如果他可以在家里无所顾虑地表达，敢于尝试新鲜事物等，说明他知道他是被接纳的，无论说什么做什么都不会带来负面的后果。

温暖的行为的特点主要是支持性。

当孩子小时候被吓着或者痛哭的时候，父母往往会紧紧地抱着他们，温柔地安抚他们。与此类似，你也可以通过以下几种有助的行为达到这一点。

有助的行为之一是拥抱，它可以传递给人以温暖，让对方感觉更亲密、被支持。

有助的行为之二是参与，在建设家庭文化时，参与孩子的活动，或者邀请孩子参与到家庭活动中来同样重要。这让所有成员可以彼此倾听，对家庭的重要决策提出自己的想法……，这些都会让人感觉到温暖。

最后，发展的行为特点就是弹性。

在一个家庭中，弹性非常重要。我的德国家庭治疗老师曾经用油门和刹

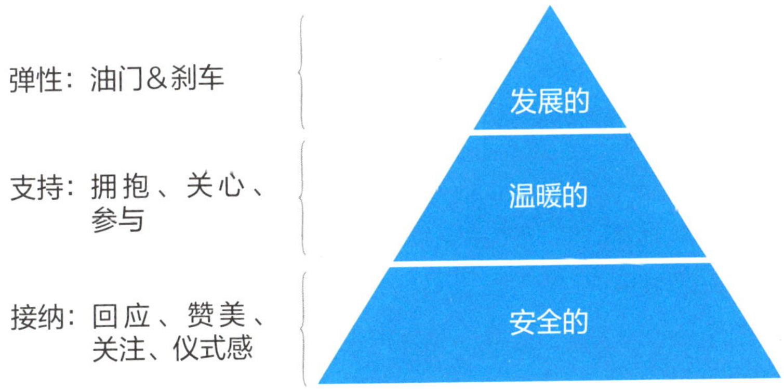

车形容夫妻，他说夫妻俩应该一个是刹车，一个是油门，如果两个都是刹车，那这个家庭就很僵化。我当时问："如果夫妻俩都是油门，会怎么样？"老师说，那这个家庭就会疯掉了。这表明：并不是一味向前冲就能带来发展，还有可能带来毁灭。

所以，家庭发展最好的特点既不是僵化也不是疯狂，而是弹性。它能使系统承受干扰后，仍然可以保持基本结构和功能，从而继续前进。在你家里，谁是油门，谁又是刹车呢？

在咚咚家中，咚咚爸爸是很传统的大家长。当咚咚受不了爸爸的专制高压时，咚咚妈妈就会站出来进行调解，缓和父子俩之间的紧张空气。

而在娜娜家，娜娜妈妈是比较一板一眼的，她对娜娜的要求很高。但是妈妈的高要求有时候是很有必要的，因为如果没有妈妈时不时紧一紧"缰绳"，娜娜这匹小马驹很可能就在爸爸的纵容下不知道跑到哪里撒欢儿去了。

在优优家，优优妈妈容易受到外界其他家长的影响，转而回家对女儿施加过多的压力，这时候，往往是爸爸在旁边给妈妈"降温"，为女儿说几句公道话。

到了乔乔家，乔乔和妈妈都是感性大于理性的人，浪漫主义的母子俩很容易陷入某种情绪难以自拔。在母子俩迎风落泪、抱头感怀的时候，作为现实主义者的乔乔爸爸就可以给过于情绪化的妻儿泼泼凉水，把他们重新拉回到现实。

建立家庭规则

首先，你需要在家庭中建立家庭规则。国有国法，家有家规。你的家里是否有明确的家庭规则呢？

如果要盖一栋楼而没有图纸，施工人员将无从下手。同理，在建设家庭大厦时，也需要有你对家庭的设想和一些家庭生活的基本规则来支撑。家庭规则是发展家庭文化的基础，没有一个大家都能认同和遵守的规则，很难发展起家庭成员共同需要的文化。

家庭规则可以有很多方面，但是最核心的是以下两个特点：

（1）边界。

只要有边界，规则的内容就是清晰和确定的。如果没有边界，似是而非的规则只会让孩子无所适从。面对这样的规则，他反而会去试探边界在哪里，比如，喝一口酒看看会怎么样，今天不上学看看他们能奈我何，等等。那么，边界怎么表达呢？

清晰的边界要靠清晰的语言来表达，比如“必须”“绝不”等。举个例子，告诉外出聚会的孩子，绝对不能喝酒，必须在晚上11点之前回家。这种规则会为孩子的行为划定一个相对安全的范围，对孩子在选择某些行为时起到警醒作用。

妈妈同意娜娜每个月买一件她喜欢的衣服，也表示不对娜娜的审美过多干涉。但是像抹胸、超短裙这种过于暴露的衣服，妈妈明确地告诉娜娜，绝对不同意她穿出家门，因为这给娜娜增加了潜在的不安全因素。

（2）弹性。

家庭规则要有弹性，否则就像是一辆没有油门的汽车，是僵化的，也是会起到反作用的。

有些规则要相对灵活，能够在一定范围内给孩子周转的空间，比如告诉孩子不能撒谎，但在遇到危险事件时可以用谎言周旋。而另一些规则相对死板，没有回旋余地，比如告诉孩子不光周末不能出去玩儿，就连寒暑假也必须老实待在家里学习。这样僵化的规则不仅会直接引发冲突，有些甚至还会限制孩子的个性发展。

家庭规则需要家庭成员共同参与后建立，要明确适用范围的边界，并且内容可以随着家庭的发展来进行相应调整。

咚咚爱玩手机游戏，这一直以来都是妈妈的心头大患，可是妈妈也明白，想要完全把咚咚和手机隔绝是不现实的。

妈妈认为咚咚玩手机严重影响学习，咚咚也承认这一点，但是他表示有的时候他本来只是想玩一小会儿放松一下的，可是一不留神就忘记了时间。妈妈认为可以允许咚咚在写完作业的情况下玩一会儿手机，但是为了平衡学习与玩乐，有必要为他制定一组规则。于是母子俩经过多番商讨，最后成功制定了咚咚使用手机的奖罚规则。

规则内容大体上是，咚咚每天有一个小时的游戏时间，如果提前完成学习任务，或者考试取得进步，他可以和妈妈协商增加一部分游戏时间作为奖励。如果玩游戏的时间超过了规定，或者因为玩游戏而导致学习退步，则需要减少下一周的游戏时间。

规则刚开始实行时，咚咚很不适应，觉得妈妈订的规则太死板，他的各种需求不能被满足，开始向妈妈抗议要重订规则。但妈妈始终没有松口，并且告诉咚咚，朝令夕改不是好事，又会让他们俩回到之前混乱的状态。规则好不好，要坚持一段时间再看效果。

结果，没坚持几天，就看到了好的效果，咚咚感受到了违反规则的后果，开始主动配合新订立的规则，调整自己的时间安排。

这期间，妈妈得到了爸爸、爷爷和奶奶的支持，爸爸还在家庭群里很郑重地拜托爷爷奶奶帮助妈妈监督执行，营造了一种很好的家庭氛围。

妈妈订立的规则并没有完全剥夺咚咚玩游戏的机会，但是这份自由并不是一味地放纵，它也在限制着咚咚，提醒他不能因为沉迷游戏而忘记了学习，这也正是这份规则的边界——不能影响学习。张弛有度的规则会让咚咚感觉到一定的挑战性，但又不是完全无法接受。

家庭成员的参与，让规则得到全面执行，咚咚没有空子可钻。这也是接受现实、适应规则最好的示范。另一方面，家庭成员是咚咚妈妈的支持系统，他们的支持让咚咚妈妈不至于感到自己是在孤军奋战，同时，咚咚也能通过全家人的共同参与，感受到这个规则是很重要的，最后从心里认同新的规则。

养成家庭习惯

习惯无处不在，每个家庭都有习惯。比如：有的家庭放假就出游，有的家庭有固定的读书时间，有的家庭有运动的习惯，等等。

（1）重复成习惯。

长期坚持做一件事情就成了习惯，看看自己家庭中哪些习惯可以发展成传统——你的家庭所特有的，令人愉快的传统。

（2）传统。

传统和仪式高于习惯，它会成为大家都愿意自觉、长期遵守的内容，因为每个人都能从这里得到满足。

我们家，无论大小节日，都会去爷爷奶奶家一起团聚，这也是很多中国家庭的习惯。当这个习惯变成了我们的传统以后，我就会认真准备服装，采买食材。奶奶也会提前定下菜单，为节日大餐做好准备。吃过饭后大家还会一起聊天、打扑克。

当习惯上升到传统之后，家庭文化的根基就变得更深厚了。就像对很多人来说，端午节吃粽子的传统是雷打不动的。

生活是不断变化的。经常出现这种情况，当你好不容易赶上计划的进度，正在做一些事情的时候，计划之外的事情却不知从哪里冒了出来，这会又一次让你失去平衡。而家庭传统则会很好地为你提供一致性的感受。

当你感到失落时，传统可以提供稳定感，让你再次感到踏实。这样的稳定和踏实，会让孩子即使身处不断变化的环境，仍能在家庭中得到确定感。这样的对比，会给孩子的内心带来极大的安全感。

这样的传统，历经时间的沉淀，会把人们最重要的价值观、文化深植其中，从而加固家庭文化的根基。当孩子开始独立生活，他们也会带着这些价值观去面对生活。当孩子面临艰难的抉择时，遇到挫折时，遭遇不幸时，父母曾经给他们传递的价值观和文化，都能给他们以指导和力量。

（3）仪式。

传统是一个概念，它可以通过一个一个的小仪式在家庭中体现。比如年夜饭。每年过年，漂流在外的中国人，都尽可能地从世界各地、四面八方回到老家，和家人一起吃顿年夜饭。这样的事情，可能是其他文化背景下生长的人们很难以理解的。因为他们不知道这一顿饭，传递的是和家人甚至祖先的联结，是中国人心中的根。

你可以在家庭中建立日常生活的小仪式，比如，在家人进门时说一句“你回来啦”；在孩子出门前给他一个拥抱；让家庭成员按自己喜欢的方式过生日；等等。你还可以在某些里程碑的时刻开创出简单的小仪式。

在欣欣每年开学的第一天，爸爸都会穿上正装送她上学。父女俩会在校门口拍一张合影。爸爸要传递给欣欣一个信息：上学是一件正式的事情，要认真。放学后，爸爸又会穿着休闲装去接她回家，这时再拍一张照片，通过这张照片他想告诉欣欣：生活是快乐的，要放松。

关于建设家庭传统的建议：

· 你可以问问自己，你最想传递给孩子的几个重要的价值观是什么，然后确保日常生活和节日仪式都反映这一点。

· 对孩子们来说，乐趣是特别重要的。如果目标是传递家庭价值观，那么愉快的经历和仪式会产生更大的影响。

· 尽早建立家庭传统，8~12岁的儿童尤其容易接受。当青少年开始建立自己的自我意识后，他们往往会对家庭传统产生抵触情绪。但研究表明，随着年龄的增长和组建自己的家庭，他们又会回归家庭传统观。

· 在简单生活中持续巩固家庭传统。

有一位父亲，每天早上上班前会给女儿画一幅简笔画。一家人把这些画存了起来，并把它们编成了一本记忆簿。

也有的家庭会在每年固定的时间，比如长辈生日时，拍一张全家福。

共享美好家庭时光

你可以邀请家庭成员找一个相对固定的时间，设定“家庭时光”，一家人一起做一些有趣的事情。比如：晚餐后一起散步，组织一个电影之夜，布置房子迎接即将到来的节日，一起大扫除，甚至就是开个家庭茶话会，等等。

这是为了让家人有更多的时间可以愉快地相处。一家人聚在一起做着有趣的事情，即使遇到一些困难，那些共同挑战的经历也都能提升家庭关系，留下美好的回忆。

乔乔一家每周都会有一次大扫除。在大扫除中，一家人分工明确，爸爸身高体壮，主动承担了门把手以上区域的卫生，还有一些体力活；乔乔身体灵活，主要负责整理归类自己的书和杂物，以及帮助妈妈下楼倒垃圾；妈妈做事细致，负责清理厨房、厕所的边边角角等难以清理的地方，除此之外，妈妈还负责装饰各个房间和为鲜花换水。在每次大扫除结束后，乔乔一家都会外出大餐一顿，以此来犒劳一家人当天的劳动。

真知道拼图

现在，请你来回顾本章的知识要点。请在对应的拼图里涂上相应的颜色：红色=非常好，黄色=基本掌握，蓝色=继续努力。

第一块，了解家庭文化的发展要从哪里开始。

第二块，明确发展家庭文化的意义和作用。

第三块，了解如何发展家庭文化。

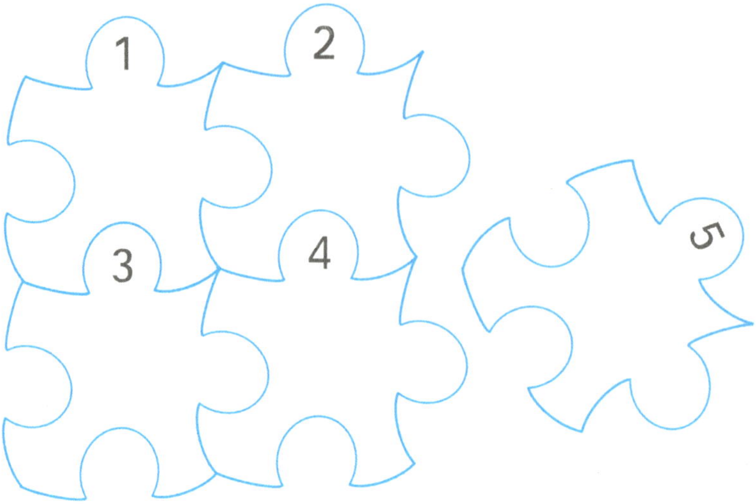

【读个故事停一停，然后请你评一评】

今年暑假，由于咚咚爸爸有出差安排，妈妈又要去外地照顾姥姥，爸爸妈妈便将咚咚送到了爷爷家。咚咚明年就要升上初中，面对小升初，爸爸和妈妈都很关注咚咚的学习，就一起给咚咚布置了一些学习任务，希望他能够在暑假期间兼顾学习。

爷爷知道了爸爸妈妈的安排，便在日常生活中监督咚咚学习。爷爷为人很严肃传统，对“好学生”“好孩子”自有他老一辈的理解。当爷爷看到咚咚大部分时间都在用平板电脑看儿童剧和动画片时，就认为咚咚不爱学习，只会玩。对此，爷爷十分生气，经常对咚咚发脾气，搞得咚咚见了爷爷就像是老鼠见了猫。那之后，他更是和爷爷打起了“游击战”。于是，在爷爷眼中，咚咚认真学习的时间变得更少了。

几天后，妈妈便接到了爷爷的电话。爷爷在电话里向妈妈抱怨咚咚不堪管教，让妈妈平日里对咚咚严加管教。

妈妈远在外地，平时也很忙，只能每天挤出时间打电话给咚咚布置具体的学习任务，并检查学习的效果。然而由于妈妈不在咚咚身边，不能及时安抚咚咚和爷爷双方的情绪，导致妈妈随后告诫咚咚的话也收效甚微，让妈妈只能叹息这真的是鞭长莫及，无可奈何。

平时爸爸妈妈和咚咚共同生活在一起，能够时时指导、督查咚咚，并且在咚咚学习积极性不高时，及时进行支持和鼓励，所以一直以来都没出现大问题。这次爸爸妈妈不在身边，咚咚身处的环境发生了改变，一下子显得无所适从，这让爸爸妈妈认识到，现阶段家庭文化的建设还有待进一步提高。

对咚咚一家发生的事，你有什么看法？（请根据本章所学，写下你的看法。）

"T.E.S."探索表

三分着手点	你会怎么做?	有助的行为
身		
心		
育		

学而时习“真知道”

——写给能看到这里的你

家庭文化是家庭生态树的根基

如果你是从头到尾阅读到这里，我要给你点赞了。因为这本书阅读起来不是那么轻松，如果你以前没有接触过教育学、心理学，甚至还会感觉有些吃力。但你坚持下来了！

诚然，像“关于家庭教育，明白这个道理就够了”“三招，让你不再做怒吼的妈妈”“七个要点，让教育不再困扰你”……这类的标题更加能引起人们的兴趣。因为家长在遇到问题束手无策时，最希望能够拿到一招鲜的灵丹妙药，点石成金。而你选择了本书，选择通过自己的学习思考成为一个好妈妈（或者“好爸爸”），在孩子珍贵的路上成为一名更专业的陪伴者。

任何一个建筑，都需要先选址、画图纸、准备建筑材料、打地基、搭脚手架……这些通常不被外人所知。当揭去围幕，呈现在世人面前的，是一栋栋精美的建筑。欣赏并赞叹之余，鲜有人关注这背后不能差之分毫的准备。在我们建设家庭文化的过程中，我们也需要去探索、设计、准备、实施、调整……在一段时间内需要付出大量努力，相当于给家庭之树松土、施肥、浇水、通风，建设它的生态环境。而且，你并不能立即看到这棵树很快长高，长得枝繁叶茂。

这时，希望“三分生态系统”思维方式能帮到你，根据自己的环境生出智慧，处理动态的变化，成就未来的家庭成长。

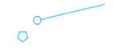

学而时习“真知道”

到这里，本书的内容已经全部讲完了。在开篇，我曾提道：听了很多课，看了很多书，还是不会用。其关键在学习用于实践这个环节。我们可以从中国的汉字中发现古人传承的智慧。

左图是“学”字的金文。有一种解说是：上部分左右两边表示两个人面对面坐着，伸出两只手。上面部分的中间是《易经》里的“爻”字，表示交流。下面部分是一个空间，里面有一个张开双手的小娃娃。字面图案表达了孩子通过交流，去掉蒙昧的含义，强调了学的相互交流方式对孩子成长的重要性。随着现代教育手段的完善和教育资源的丰富，学习中互动的功能减弱了。再看甲骨文中的“习”字。下面是太阳，上面像两只小鸟，表示小鸟在空中多次飞翔。《说文解字》中解释为：习，数飞也。《论语》中也有一句人尽皆知的话：“学而时习之，不亦说乎?”

真正的学习是通过看书听课得到知识，加上和他人交流互动，也只解决了学的部分，而还差很重要的习，只有通过练习，才能真正地把学到的知识内化成自己的知识，变成真知道。

希望这本书陪伴你掌握了一种学而时习、持续成长的思维方式。每当看到太阳升起，就能想到小鸟在天空中练习飞翔，就能想到学后更重要的是不断地练习，把知道变成真知道。

附 录

本书内容来自成长家俱乐部父母成长种子班课程。这是一门逻辑紧密的系统课程。

前三章，先了解孩子。了解孩子客观发展的规律，了解你自己独一无二的孩子，了解激发孩子积极性与内动力的方法。

中间三章，走近自己。外观世界，看到原生家庭在你成长过程中的价值与作用，看到现在所处的核心家庭的重要性。通过了解自我的认知、情绪、行为，看到在关系间主导者的地位。了解自己潜在的巨大力量。

后面三章，探索家庭。带着从原生家庭里传承下来的文化密码，建构核心家庭文化，通过你现在的努力，传承给孩子比物质财富更久远的精神财富。

理解孩子，了解自己，建设家庭。有了这样的思路，你已经拥有了不同的视角，更有能力应对挑战。

核心观点：

一、T.E.S.三分生态系统

用生态的关系看待，用系统的结构理解、用三分（身、心、育）的视角着手。

二、真知道

通过亲身实践、体验的过程，将从外部获得的知识、方法内化成自己的认知、技能，并且能够熟练应用。它强调学习中从实践到内化升华的过程。

三、T.E.S.有助的行为

对个体的现实问题的解决或预期目标的实现，有促进或积极推动作用的行为，基于T.E.S.三分生态系统的原则，做出包括表情、态度、语言、动作、行动等在内的行为。

四、问题&思考题

家庭教育中层出不穷的“问题”并不是有标准答案的计算题，重新定义生活中出现的困难，当作思考题去积极地寻找解题思路，你就会得到最适合你的答案。

五、榜样的力量

孩子在成长过程中，会向和他密切相关的成年人、伙伴寻求认同感。成年人（通常是父母或老师），通过言传身教对具有吸收性心智的孩子直接产生积极或者消极影响。

六、T.E.S.远序四步法

放在家庭教育中，这是通过帮孩子找到并处理当下的实际困难、让孩子感到学有所用、创造机会让孩子获得成就感、明确未来方向这四个步骤，由近及远、由易到难、由客观到主观的一种交流方法。

七、T.E.S. 简洁沟通二重奏

沟通中，先使用“你希望我怎么做”类型的询问，后做“这样做是你希望的吗”类型的确认。这是一种可以快速准确理解他人的沟通方法。

最后，希望你通过本书走进成长家俱乐部，走进一个志同道合的团队，走进持续成长的家园。我们在这里等着你。

参考文献

[1][丹] 约恩森著，2013，《系统生态学导论》，陆健健译，高等教育出版社。

[2][美] Brian Walker，David Salt 著，2010，《弹性思维：不断变化的世界中社会-生态系统的可持续性》，彭少麟，陈宝明，赵琼等译，高等教育出版社。

[3]乌杰著，2013，《系统哲学之数学原理》，人民出版社。

[4][美] 马修·麦克凯，杰弗里·伍德，杰弗里·布兰特利著，2018，《辩证行为疗法》，王鹏飞，李桃，钟菲菲译，重庆大学出版社。

[5][美] 乔尼丝·韦布，克里斯蒂娜·穆塞洛著，2018，《被忽视的孩子：如何克服童年的情感忽视》，王诗溢，李沁芸译， 机械工业出版社。

[6][美] 爱德华·铁钦纳著，2011，《系统心理学：绪论》，李丹译，北京大学出版社。

[7][美] 洛林·W.安德森等编，2009，《布卢姆教育目标分类学（修订版 完整版）：分类学视野下的学与教及其测评》蒋小平，张琴美，罗晶晶译，外语教学与研究出版社。

[8][美] 理查德·格里格，菲利普·津巴多著，2016，《心理学与生活（第19版）》，王垒等译，人民邮电出版社。

[9][美] 安妮塔·伍尔福克著，2015，《教育心理学（主动学习版 原书第12版）》，伍新春译，机械工业出版社。

[10][美] 罗伯特 S. 费尔德曼著，2017，《发展心理学：探索人生发展的轨迹（原书第3版）》，苏彦捷等译，机械工业出版社。

[11][美] David R. Shaffer，Katherine Kipp 著，2016，《发展心理学（第九版）》，邹泓等译，中国轻工业出版社。

[12][美] 詹姆斯·卡拉特著，2012，《生物心理学（第10版）》，苏彦捷等译，人民邮电出版社。

[13]Editor of Education Corner, The Learning Pyramid, available at https://www.educationcorner.com/the-learning-pyramid.html.

[14]Editor of Integrated Learning Strategies Learning Corner, CONE OF LEARNING: Creating Active Learners through Sensory Integration & Hands-On Experiences, SEP 18, 2016, available at https://ilslearningcorner.com/2016-09-cone-learning-creating-active-learners-sensory-integration-hands-experiences/.

[15]Editor of Mind Performance Coach, The Learning Pyramid: Key to Higher Retention and Excellent Memory, available at https://meetmanjunath.com/2020/11/03/learning-pyramid/.

[16]Tales of the Undead...Learning Theories: The Learning Pyramid, available at https://acrlog.

org/2014/01/13/tales-of-the-undead-learning-theories-the-learning-pyramid/.

[17]Editor of Exploring Your Mind, Mihaly Csikszentmihalyi and Flow: The Psychology of Optimal Experience, 21 August, 2018, available at https://exploringyourmind.com/mihaly-csikszentmihalyi-flow/.

[18]MINDFUL STAFF, What is Mindfulness? Are you supposed to clear your mind, or focus on one thing? Here's the Mindful definition of Mindfulness. JULY 8, 2020 available at https://www.mindful.org/what-is-mindfulness/.

[19]Beth Sulzer-Azaroff & G. Roy Mayer, 1994, Achieving Educational Excellence 1 Behavior Analysis for School Personnel, Western Image, available at https://behavior.org/product/achieving-educational-excellence-1-behavior-analysis-for-school-personnel/.

[20]From Juanas, Ángel. (2013). Questioning evidence, educating in reflection: Robert H. Ennis, the study of critical thinking and its influence on the pedagogy of sport. International Journal of Sports Science. Volume IX. 298-299.

[21]Ennis, Robert. (2011). The Nature of Critical Thinking: An Outline of Critical Thinking Dispositions And Abilities. Unofficial document Retrieved from faculty.education.ilinois.edu.

[22]Critical thinking. (s.f) In Wikipedia. Retrieved: February 1, 2018 from Wikipedia on es.wikipedia.org.

[23]The Preoperational Stage of Cognitive Development By Saul McLeod, updated 2018 available at https://www.simplypsychology.org/preoperational.html.

[24]Skinner Box Last Updated: 01-29-2016 at the web of Good Therapy and available at https://www.goodtherapy.org/blog/psychpedia/skinner-box.

[25]McLeod, S. A. (2018, Jan, 21). Skinner-operant conditioning. Simply psychology. https://www.simplypsychology.org/operant-conditioning.html.

[26]Abitz, M., et al., Excess of neurons in the human newborn mediodorsal thalamus compared with that of the adult. Cereb Cortex, 2007. 17(11): 2573-8.

[27]Bear, M.F., B.W. Connors, and M.A. Paradiso, Neurosciences: exploring the brain. 2016: Wolters Kluwer.

[28]Gazzaniga, M.S., R. Ivry, and G. Mangun, Cognitive Neuroscience, New York: W. W. 2002, Norton & Company.

[29]Noorbakhsh Hooti, 2011, “The quest for identity in Arthur Miller's ‘The crucible’”, at Journal of English and Literature Vol. 2(3), 68-74, March 2011. Available online http://www.academicjournals.org/ijel.

[30]H.M.Kasinath, “Adolescence: Search for an identity”, available at https://files.eric.ed.gov/fulltext/EJ1101761.pdf.

[31]Gabrielle Olya, 2016, “9-Year-Old Girl Runs 36 miles in Rigorous 24-Hour Obstacle Course Race to Send an Anti-Bullying Message” available at https://people.com/bodies/milla-bizzotti-9-completes-rigorous-24-hour-obstacle-race-to-fight-bullying/.

[32]Editor of Mind Fit Hypnosis website, “Who am I? Self Identity-How to Build Personal Character”, available at https://www.mindfithypnosis.com/who-am-i-self-identity/.

[33]Gabrieli et al., 2015, “Prediction as a Humanitarian and Pragmatic Contribution from Human Cognitive Neuroscience”, Neuron.

[34]余心言著，1981，《英雄少年时》，少年儿童出版社。

[35]Dean Falk, Frederick E. Lepore, Adrianne Noe, “The cerebral cortex of Albert Einstein: a description and preliminary analysis of unpublished photographs”, Brain, Volume 136, Issue 4, April 2013, Pages 1304–1327, available at https://doi.org/10.1093/brain/aws295.

[36]Gabrieli et al., 2015, “Prediction as a Humanitarian and Pragmatic Contribution from Human Cognitive Neuroscience”, Neuron.

[37][美] 斯奈德，洛佩斯著，2013，《积极心理学 探索人类优势的科学与实践》，王彦等译，人民邮电出版社。

[38]Zeeman, A., 2019, “ABC model (Albert Ellis)”. Retrieved from toolshero: https://www.toolshero.com/psychology/abc-model-albert-ellis/.

[39]Albert Ellis, 1991, “The revised ABC's of rational-emotive therapy (RET)”, Journal of Rational-Emotive and Cognitive-Behavior Therapy volume 9, pages139–172.

[40]Jacquelynne S.Eccles & Allan Wigfield, 2002, “Motivational Beliefs, Values and Goals”, Annual Review of Psychology 53(1):109-132, available at https://education.umd.edu/directory/allan-wigfield.

[41]TBS STAFF, 2004, “The Secret to Education Excellence: High Expectations”, available at https://thebestschools.org/magazine/high-expectations-educations-silver-bullet/.

[42]Dweck, C. S., 1986, “Motivational processes affecting learning. American Psychologist”, 41(10), 1040–1048. https://doi.org/10.1037/0003-066X.41.10.1040.

[43]Isaac H. Smith and Maryam Kouchaki, 2020, “Craft a Career That Reflects Your Character”, Harvard Business Review, available at “Craft a Career That Reflects Your Character”, Harvard Business Review.

[44]Smriti Chand, “Career Planning: Definition, Features, Objectives and Benefits”, available at https://www.yourarticlelibrary.com/career/career-planning-definition-features-objectives-and-benefits/32400.

[45]Editor of MIT.edu, “Make a Career Plan”, available at https://capd.mit.edu/explore-careers/career-first-steps/make-career-plan.

[46]Editor of PHEAA(Pennsylvania Higher Education Assistance Agency)， “Career Planning to Middle School & High School”，available at http://www.educationplanner.org/students/career-planning/checklists/middle-school.shtml.

[47]Saul McLeod, 2018, “Sigmund Freud's Theories”，available at https://www.simplypsychology.org/Sigmund-Freud.html.

[48]Created By Business Balls, 2017, “McGregor's XY Theory of Management”，available at https://www.businessballs.com/improving-workplace-performance/david-mcclelland-achievement-motivation/.

[49]Created By Wisdom Jobs, “What is McClelland's Need-Based Model?”，available at https://www.wisdomjobs.com/e-university/motivating-skills-tutorial-2599/mcclelland-s-need-based-model-26712.html.

[50]Covington, M. V., 1992, “Making the Grade: A Self-Worth Perspective on Motivation and School Reform.” Cambridge: Cambridge University Press. Available at http://dx.doi.org/10.1017/CBO9781139173582.

[51]Created By Health Research Funding, “Urie Bronfenbrenner's Ecological Systems Theory of Child Development”，available at https://healthresearchfunding.org/urie-bronfenbrenners-ecological-systems-theory-of-child-development/.

[52]Harry F. Harlow, “Love in Infant Monkeys,” Scientific American 200 (June 1959):68, 70, 72-73, 74.

[53]Affectional Response in the Infant Monkey published at Science 21 Aug 1959: Vol. 130, Issue 3373, pp. 421-432. DOI: 10.1126/science.130.3373.421.

[54]Harry F. Harlow, Monkey Love Experiments at the web of The Adoption History Project Department of History, University of Oregon Page Updated: 2-24-2012.

[55]Robert Waldinger, 2015, “What makes a good life? Lessons from the longest study on happiness”，at TEDx Beacon Street.

[56]Robert Waldinger, Marc S.Schulz, “The Long Reach of Nurturing Family Environments: Links With Midlife Emotion-Regulatory Styles and Late-Life Security in Intimate Relationships”，September 2016, Psychological Science, 27(11). DOI: 10.1177/0956797616661556 Project: Harvard Study of Adult Development.

[57]Macaulay Culkin, Opens Up In Rare Emotional Interview About His Dad's Abuse And Leaving Hollywood at the web of Wild Sky Media https://www.littlethings.com/macaulay-culkin-dad-abuse/.

[58]George Peter Murdock, 1949, “Social Structure”，ASIN：B07S8MWK5Q, Publisher: Macmillan (January 1, 1949).

[59]Kendra Cherry, Reviewed by Amy Morin, 2019, "The Little Albert Experiment A Closer Look at the Famous Case of Little Albert", available at https://www.verywellmind.com/the-little-albert-experiment-2794994.

[60]Watson, J.B. (1913). Psychology as the behaviorist Views It. Psychological Review, 20, 158-177.

[61]Saul McLeod, 2020, "The Little Albert Experiment", available at https://www.simplypsychology.org/little-albert.html.

[62]Watson, J. B., & Rayner, R. (1920). "Conditioned emotional reactions". Journal of Experimental Psychology, 3(1), 1-14. Retrieved from https://psychclassics.yorku.ca/Watson/emotion.htm.

[63]Editor of Good Therapy, "Little Albert Experiment", available at https://www.goodtherapy.org/blog/psychpedia/little-albert-experiment.

[64]Editor of Psych Yogi , Watson and Rayner (1920). "Little Albert" -Behavioural, December 24, 2014, available at http://psychyogi.org/watson-and-rayner-1920-little-albert-behavioural/.

[65]Rafiq Elmansy, 2017, "Design Thinking Guide: What, Why and How", available at https://www.designorate.com/design-thinking-guide-what-why-how/ .

[66]Rakesh Mohanty, Sudhansu Bala Das, 2018, "A Proposed What-Why-How (WWH) Learning Model for Students and Strengthening Learning Skills Through Computational Thinking Progress in Intelligent Computing Techniques: Theory, Practice, and Applications", (pp.135-141) DOI: 10.1007/978-981-10-3376-6_15, available at https://www.researchgate.net/publication/318928620_A_Proposed_What-Why-How_WWH_Learning_Model_for_Students_and_Strengthening_Learning_Skills_Through_Computational_Thinking.

[67]William James, Robert H. Wozniak, 1998, "The Principles of Psychology", (1890) Thoemmes Continuum.

[68]Developed by Christopher D. Green, "Classics in the History of Psychology The Principles of Psychology William James", (1890) CHAPTER X. The Consciousness of Self. Available at https://psychclassics.yorku.ca/James/Principles/prin10.htm.

[69]Robert Ennis: Biography, critical thinking, available at https://www.lifepersona.com/robert-ennis-biography-critical-thinking-works.

[70]Sietse F de Boer 1, Doretta Caramaschi, Deepa Natarajan, Jaap M Koolhaas, 2009, "The Vicious Cycle Towards Violence: Focus on the Negative Feedback Mechanisms of Brain Serotonin Neurotransmission", in Frontiers in Behavioral Neuroscience 3(52):52,

November 2009, available at https://pubmed.ncbi.nlm.nih.gov/19949469/.

[71]Hillel J. Einhorn, 1983, "Accepting Error to Make Less Error", in Journal of Personality Assessment Volume 50, 1986 – Issue 3 /Pages 387–395. Published online: 10 Jun 2010.

[72]Editors of Encyclopaedia Britannica, updated by Karen Sparks, "Albert Ellis American psychologist", in Britannica, Available at https://www.britannica.com/biography/Albert-Ellis.

[73]Editor of Kevinfitzmaurice, "11 Irrational Beliefs of REBT", available at https://kevinfitzmaurice.com/free-stuff/counseling-issues/11-irrational-beliefs/.

[74]David Bielloat, 2017, "Inside the debate about power posing: a Q & A with Amy Cuddy", written for TED, available at https://ideas.ted.com/inside-the-debate-about-power-posing-a-q-a-with-amy-cuddy/.

[75]Steph, 2014, "Two Minutes in the Closet Power Poses Can Change Your Life", available at http://smallanswers.us/two-minutes-in-the-closet-power-poses-2/.

[76]Kendra Cherry Medically, reviewed by Steven Gans, 2020, "The 6 Types of Basic Emotions and Their Effect on Human Behavior", available at https://www.verywellmind.com/an-overview-of-the-types-of-emotions-4163976.

[77]McLeod, S. A. (2018, Dec 28). Solomon Asch–Conformity Experiment. Retrieved Retrieved from https://www.simplypsychology.org/asch-conformity.html.

[78]Kendra Cherry，checked by Emily Swaim，2020, "The Asch Conformity Experiments", available at https://www.verywellmind.com/the-asch-conformity-experiments-2794996.

[79]Steph, Two Minutes in the Closet Power Poses Can Change Your Life, January 27, 2014, available at http://smallanswers.us/two-minutes-in-the-closet-power-poses-2/.

[80]David Biello, Inside the debate about power posing: a Q & A with Amy Cuddy, Feb 22, 2017, available at https://ideas.ted.com/inside-the-debate-about-power-posing-a-q-a-with-amy-cuddy.

[81]Theodore. (2020, March). Amy Cuddy (Biography). Retrieved from https://practicalpie.com/amy-cuddy.

[82]Albert Ellis Ph.D., "Techniques for Disputing Irrational Beliefs (DIBS)", available at https://albertellis.org/rebt-pamphlets/Techniques-for-Disputing-Irrational-Beliefs.pdf.

[83]Jennifer Delgado, "The 12 irrational beliefs of Albert Ellis that can ruin your life", available at https://psychology-spot.com/irrational-beliefs-albert-ellis/.

[84]McLeod, S. A. (2019, January 11). Cognitive behavioral therapy. Simply Psychology. https://www.simplypsychology.org/cognitive-therapy.html.

[85]Editor of British Library, “Albert Mehrabian-Nonverbal Communication Thinker” , available at https://www.bl.uk/people/albert-mehrabian#.

[86]Nagesh Belludi, 2008, “Albert Mehrabian's 7-38-55 Rule of Personal Communication” , available at https://www.rightattitudes.com/2008/10/04/7-38-55-rule-personal-communication/.

[87]Herb Oestreich, “Let's Dump the 55%, 38%, 7% Rule” , available at http://bdrp.nl/documenten/mehrabian_oestreich.pdf.

[88]Gerald L. Clore and Jeffrey R. Huntsinger, 2007, “How emotions inform judgment and regulate thought” , Trends in Cognitive Sciences, 2007 Sep; 11(9): 393-399.

[89]Bartlett's schema theory: The unreplicated “portrait d'homme” series from 1932 Claus-Christian Carbon and Sabine Albrecht Department of General Psychology and Methodology, University of Bamberg, Bamberg, Germany at The Quarterly Journal of Experimental of Psychology , 65 (11), 2258-2270.

[90]About Relationships and the Golden Rule (or better yet, the Platinum Rule) Written by Barry Vissell at the web of Inner Self Publications, available at https://innerself.com/content/personal/relationships/8033-about-relationships-and-the-golden-rule-or-better-yet-the-platinum-rule.html.

[91]Giving According to GARP: An Experimental Test of the Consistency of Preferences for Altruism by James Andreoni and John Miller Published by The Econometric Society of Econometrica, Vol. 70, No. 2 (Mar., 2002), 737-753.

[92]Psychology in Our Social Lives at the web of https://saylordotorg.github.io/text_introduction-to-psychology/s18-psychology-in-our-social-lives.html.

[93]Francesca Forsythe, LL.M., M.Phil., 2019, “What Is Pygmalion Effect and How It Can Bring Positive Results” , available at https://www.learning-mind.com/pygmalion-effect-positive-results/.

[94]Robert Rosenthal, Lenore Jacobson, 2003, “Pygmalion in the Classroom: Teacher Expectation and Pupils' Intellectual Development Crown House Publishing” ; Expanded edition (May 4, 2003).

[95]Schaedig, D. (2020, Aug 24). Self-fulfilling prophecy and the pygmalion effect. Simply Psychology. Available at https://www.simplypsychology.org/self-fulfilling-prophecy.html.

[96]Katherine Ellison, 2015, “Being Honest About the Pygmalion Effect” , available at https://www.discovermagazine.com/mind/being-honest-about-the-pygmalion-effect.

[97]Rachel Norman, “Family Culture: A Guide To Building Strong Families (Pt. 1) , in the book serious of Family Culture Building a Strong Identity” , at the web of A Mother From Home,

available at https://amotherfarfromhome.com/family-culture/.

[98]Family Values: How To Determine Then Live Out What Matters Most (Pt. 2) by Rachel Norman in the book serious of Family Culture Building a Strong Identity at the web of A Mother From Home, available at https://amotherfarfromhome.com/family-values-examples/.

[99]Family Traditions: The Indisputable Benefits of Family Rituals (Pt. 3) by Rachel Norman in the book serious of Family Culture Building a Strong Identity at the web of A Mother From Home, available at https://amotherfarfromhome.com/family-traditions/.

[100]Family Identity: The Thing Tight Knit Families Have That Distant Families Don't (Pt. 4) by Rachel Norman in the book serious of Family Culture Building a Strong Identity at the web of A Mother From Home, available at https://amotherfarfromhome.com/family-identity/.

[101]Michele Meleen M.S.Ed., "What Is a Family Culture? Definition and Examples", available at https://family.lovetoknow.com/cultural-heritage-symbols/what-is-family-culture-definition-examples.

[102]Editor of Successful Culture, 2011, "What Is Your Family's Culture?", available at https://www.successfulculture.com/what-is-your-familys-culture/.

[103]What is Family Culture and Who Are We? Available at https://www.familycultureproject.com/.

[104]V. Santiago Arias and Narissra Maria Punyanunt-Carter, 2020, "Family, Culture, and Communication", Oxford Research, available at https://www.academia.edu/36246315/Family_Culture_and_Communication.

[105]Research on Successful Families held by U.S. Department of Health and Human Services Assistant Secretary for Planning and Evaluation on May 10, 1990 Prepared for Office of the Assistant Secretary for Planning and Evaluation U.S. Department of Health and Human Services Contract #HHS-100-89-0041, available at https://aspe.hhs.gov/basic-report/research-successful-families.

[106]Shelley A. Riggs, PhD, 2019, "Diversity and Complexity of Contemporary Families", available at https://www.apadivisions.org/division-43/publications/newsletters/2019/07/education-diversity.

[107]Stinnett, Nick. 1986. "The Diversity and Strengths of American Families." By Washington, DC: US Government Printing Office. Available at https://eric.ed.gov/?id=ED272315.

[108]The Diversity and Strength of American Families. Hearing before the Select Committee on Children, Youth, and Families. House of Representatives, Ninety-Ninth Congress, Second

Session. 25 Feb 86, available at https://www.apadivisions.org/division-43/publications/newsletters/2019/07/education-diversity.

[109]Edited by Virginia Tech, Families First: Keys to Successful Family Functioning Affective Involvement, available at https://www.pubs.ext.vt.edu/content/dam/pubs_ext_vt_edu/350/350-095/350-095_pdf.pdf.

[110]Family Traditions: The Indisputable Benefits of Rituals by Rachel Norman in the book serious of Family Culture Building a Strong Identity at the web of A Mother From Home, available at https://amotherfarfromhome.com/family-traditions/.

[111]What Is Your Family's Culture? Published at the web of Successful Culture International September 29, 2011, available at https://www.successfulculture.com/what-is-your-familys-culture/.

[112]Family Traditions: Finding Meaning, Joy and Community By Deanna Duff at Parent Map published on November 27, 2012, available at https://www.parentmap.com/article/family-traditions-finding-meaning-joy-and-community.

[113]Meg Cox, 2003, "New Family Traditions: How to Create Great Rituals for Holidays and Every Day." Running Press.

[114]The Lasting Positive Impact of Family Traditions, available at https://selecthealth.org/blog/2019/04/the-lasting-positive-impact-of-family-traditions.

[115]Barbara H. Fiese, Thomas J. Tomcho, Michael Douglas, Kimberly Josephs, Scott Poltrock, and Tim Baker; Syracuse University; A Review of 50 Years of Research on Naturally Occurring Family Routines and Rituals: Cause for Celebration?, Journal of Family Psychology, Vol. 16, No. 4.

[116]Family Routines and Rituals May Improve Family Relationships and Health, According to 50-Year Research Review at the web of APA, available at https://www.apa.org/news/press/releases/2002/12/rituals.

[117]Kendra Cherry, Reviewed by David Susman, PhD on June 3, 2020, The 5 Levels of Maslow's Hierarchy of Needs, available at https://www.verywellmind.com/what-is-maslows-hierarchy-of-needs-4136760.

[118]McLeod, S. A. (2018, May 21). Maslow's hierarchy of needs. Retrieved from https://www.simplypsychology.org/maslow.html.